抱　朴

抱

朴

〔南宋〕李嵩　《货郎图》　故宫博物院藏

宵梃重擔那辭疲
奪攘兇童勞護擠
莫愛貨郎癡甚世
人誰不似兒童癡
癸巳仲春下澣
溥题

生于大宋

朱瑞熙 著

宋代的
日常生活

上海古籍出版社

图书在版编目(CIP)数据

生于大宋：宋代的日常生活 / 朱瑞熙著. -- 上海：
上海古籍出版社，2025.3（2025.3重印）. -- ISBN 978-7
-5732-1499-7

Ⅰ. D691.9

中国国家版本馆 CIP 数据核字第 20256QS251 号

生于大宋：宋代的日常生活

朱瑞熙 著

上海古籍出版社出版发行

（上海市闵行区号景路 159 弄 1-5 号 A 座 5F　邮政编码 201101）

（1）网址：www.guji.com.cn

（2）E-mail：guji1@guji.com.cn

（3）易文网网址：www.ewen.co

南京爱德印刷有限公司印刷

开本 787×1092　1/32　印张 9.875　插页 5　字数 174,000

2025 年 3 月第 1 版　2025 年 3 月第 2 次印刷

印数：1,201—3,200

ISBN 978-7-5732-1499-7

K·3803　定价：78.00 元

如有质量问题，请与承印公司联系

目　录

前言···　1

第一章　称谓和排行·······································　1
　一、官署、官职的简称和别称·····························　2
　二、官员和百姓的称谓·································　23

第二章　避讳···43
　一、官讳···　44
　二、私讳···　55
　三、避讳的弊病·····································　60
　四、避讳的怀疑者和反对者·························　62

第三章　押字···　65
　一、押字的起源·····································　66
　二、"御押"···　67
　三、官员的押字·····································　73
　四、押字的广泛应用·································　76

　　五、押字的弊端 …………………………………… 92

第四章　刺字、文身和簪花 ………………………… 95

　　一、刺字 …………………………………………… 96

　　二、文身 …………………………………………… 99

　　三、簪花 …………………………………………… 102

　附　宋代的刺字和文身习俗 ……………………… 108

　　一、囚犯的刺字或图案 …………………………… 108

　　二、军人的刺字 …………………………………… 115

　　三、百姓的刺字和文身 …………………………… 119

　　四、刺字和文身的消除 …………………………… 123

第五章　休假 …………………………………………… 125

　　一、宋朝的休假 …………………………………… 126

　　二、金朝的休假 …………………………………… 145

第六章　民间家族组织 ……………………………… 153

　　一、小宗之法 ……………………………………… 157

　　二、宗子（族长） ………………………………… 159

　　三、族产 …………………………………………… 160

　　四、族谱 …………………………………………… 165

五、祠堂·······································169

六、族规·······································171

第七章　节日 ·······························175

一、帝后"圣节" ······························176

二、官定重要节日······························185

三、节气性和季节性节日······················194

四、宗教性节日································202

第八章　宋代的北食和南食 ··············207

第九章　宋代的婚姻礼仪 ················217

一、重资财···································221

二、坐花轿···································222

三、撒谷豆、跨马鞍、上高坐的仪式·············224

四、拜先灵和交拜仪式··························225

五、结发的仪式································226

六、各色新衣································227

第十章　宋代的服装风尚 ················229

一、"衣服无章，上下混淆" ·····················231

二、崇尚素雅和大方、新颖·····················236

三、吸取少数民族服装的长处 ················· 238

四、妇女戴盖头 ····························· 239

五、背子的流行 ··························· 242

第十一章　宋代的生活用具 ············· 247

一、家具 ······························· 248

二、炊具 ······························· 264

三、灯具 ······························· 267

四、其他日用器具 ······················ 269

五、器用"人自为制，无复纲纪" ··········· 275

第十二章　宋代的丧葬习俗 ············· 277

一、薄葬 ······························· 278

二、纸钱和纸质明器 ···················· 282

三、火葬 ······························· 287

四、佛、道等教的影响 ·················· 290

出版说明 ······························· 299

前　言

　　历史进入辽宋西夏金时代，是中国封建社会继续发展的时期。由唐朝中期开始的社会变革，到这一时期尤其是宋朝完全定型，辽和西夏、金朝社会也取得了显著的进步。由门阀士族和部曲、奴客、贱民、番匠、奴婢等组成的旧的社会阶级结构，到宋朝终于转变为官僚地主和佃客、乡村下户、差雇匠、和雇匠、人力、女使等组成的新的社会阶级结构。商人的社会地位有了很大的提高。这是中国封建社会内部阶级关系的一次重大变化。土地私有制进一步发展，土地买卖盛行，土地所有权转移频繁。国家制定了严密的法规，保障私人对土地的拥有和转移让渡的权利，使土地的占有和买卖、典当的法律更加规范化。地主阶级改变了对农民的剥削方式，普遍采用将土地租给农民而收取地租的办法，放松了对农民的人身束缚，租佃关系迅速发展。在此基础上，宋代的农业、手工业、商业和科学技术都取得了前所未有的新的成就。农业生产技术和粮食产量都居于当时世界上领先的地位。银、铜、铅、锡、铁等矿产量也在当时世界上首屈一指。广泛利用雕版来印刷书籍，并发明了胶泥活字印刷术。制造出水罗盘等指南仪器，用于海船远洋航行。应用火药制造武器，并由制造燃烧性的火器发展到制造爆炸性的火器，造出了世界上第一批火箭、火枪、火炮等新式武器。药线的发明，既加速了这些新式武器的发展，又促进了烟花爆竹式样的不断翻新。铜钱和铁钱的铸造量逐步增加，白银和黄金的货币机能也在不断增大，还发行了世界上第一批纸币。纸币的产生和推行，标志着中国的货币从金属铸币时期开始演进到信用货币时期。国内外交通更加发达，尤其是海上丝绸之路的开辟，使中外文化经济交往更加活跃。

法国史学家贾克·谢和耐教授（Prof. Jacques Gernet）所著《南宋社会生活史》（*La Vie Quotidienne en Chine: à la veille de l'invasion mongole*, 1250—1276, Paris, 1959）一书，主要研究南宋末年的社会生活情况。他认为："中国史并不是静止的一成不变的，却是一连串激烈的变革冲击和动荡。从公元 6 世纪直到 10 世纪，中国历经了一个使得它变得全然不可辨认的时期。"南宋的都城临安"在 1275 年前后，则为当时世界上最大、最富庶的城市"。"在蒙人入侵前夕，中国文明在许多方面正达灿烂的巅峰。"又指出："一支庞大的沿海船队维持东南沿海商埠与远达广东之间的交通；海上的大帆船则每年趁着季风往来于中国和南洋群岛、印度、非洲东岸和中东一带。陆上贸易在南北往还要道，与长江交会点上发达了起来，其交易数额之庞大，远迈当时欧洲主要商业中心的交易量。"还指出 13 世纪的中国"其现代化的程度是令人吃惊的：它独特的货币经济、纸钞、流通票据，高度发展的茶、盐企业……在人民日常生活方面，艺术、娱乐、制度、工艺技术各方面，中国是当时世界上首屈一指的国家，其自豪足以认为世界其他各地皆为化外之邦"[1]。

谢和耐教授与笔者虽然相隔万里、从未谋面，且研究方法不同，但彼此的见解竟然如出一辙。拜读之后，笔者更增强如下信念：宋代社会生活的发展是显而易见的，宋代人们的世态风情、生活习尚、民间流俗，包括饮食、服饰、居室、用具、押字、称谓、避讳、节日、休假、生育、婚姻、丧葬、交往、语言、文字、宗教信仰、巫卜、交通、通信等，无不都在发展变化之中，并且呈现出许多新的特色，显得比前代更加异彩纷呈、绚丽多姿。宋代人们的社会生活，反映了中国封建社会新时期的时代精神，也揭示了当时的哲学思想、道德观念、民族心理、审美意识等，为中华民族描绘了一幅多姿多彩的历史风俗画卷。

辽和西夏、金朝的社会发展程度虽然赶不上宋朝，但

1　马德程译本，台北，1982 年印行。

它们分别在中国北部和西部的开发中取得进展，加强了各民族的融合，在社会文化的某些方面已经接近宋朝。它们的社会生活、风尚习俗虽然比不上宋朝丽靡宏侈、丰富多彩，但也各具民族特色，有些习俗还被宋朝汉族人民所吸取，成为宋朝人民习俗的一个组成部分。

有些学者强调，宋代的社会生活风尚由于统治者将儒学思想和理学思想作为官民生活与行动的准则，从整体上看是比较繁杂而保守的，相当部分外溢着一种古制的遗风，给人一种质朴、自然的复古感觉。他们甚至提出理学的"兴起和繁荣"是宋代社会生活全面"复古"的必然结果，也为这种社会需求提供了新的理论依托。尤其是宋代衣冠服饰，总的说来比较拘谨和保守，式样变化不多，色彩也不像前朝那样鲜艳，给人以质朴、洁净和自然之感。这与当时经济、政治和思想文化的状况，特别是程朱理学的影响有着密切的关系。服饰制度在按照古制礼仪之道厘定后，又多次进行修订，以靠拢统治者界定的"天理"，从而使宋代的服饰制度形成了一个尽求古制、追求等序、自上而下、由尊而卑、由贵到贱、等级划分十分严格的制度体系，其繁杂程度超过了以往的任何朝代。他们主要列举宋代皇帝的冕服制度，认为每次对皇帝冕服进行更改，都是以进一步恢复古制为原由。而皇帝的冕服是指用于重大典礼所穿戴的衮冕，百官的衮服也只是指朝服中的进贤冠，平时其实很少穿戴。

宋朝理学家确实对当时的社会生活有独到的见解。比如朱熹，作为宋代理学的集大成者，对于当时的服装，并没有提出过恢复古代制度的主张。恰恰相反，他主张衣冠要"便身"和"简易"，否则自然而然会被淘汰。他说："某尝谓衣冠，本以便身，古人亦未必一一有义，又是逐时增添，名物愈繁。若要可行，须是酌古之制，去其重复，使之简易，然后可。"[1] 他认为衣冠首先要"便身"，如果要推行一种新的衣冠制度，应以现行的衣冠为基础，参酌古代的制度，去掉重复，使得简易，然后可以通行。他还以"期丧"时期的帽子为例，指出持服时不妨暂且"依四脚帽子加绖（按："绖"即丧服上的麻布带子）"。这种帽子"本只是巾，前二脚缚于后，后二脚反前缚于上，今硬帽、幞头皆是。后来渐变重迟，不便于事。如初用冠带，一时似好。某必知其易废，今果如此。若一个紫衫、凉衫，便可怀袖间去见人，又费轻。如帽带、皂衫是多少费！穷秀才如何得许多钱？是应必废也"[2]。提出衣冠要穿戴方便，而且费用要便宜，否则只能流行一时，不久就会被人们丢弃。此其一。

1　黎靖德：《朱子语类》卷89《礼六·冠昏丧》。
2　《朱子语类》卷84《礼一·论修礼书》。

　　朱熹在谈及宋代服装的渊源时，明确指出"今世之服，大抵皆胡服。如上领衫、靴鞋之类，先王冠服扫地尽矣。中国衣冠之乱，自晋、五胡，后来遂相承袭。唐接隋，隋接周，周接元魏，大抵皆胡服"。如皂鞋之类"乃上马鞋也，后世循袭，遂为朝服"。又指出宋代的公服始于隋代："隋炀帝游幸，令群臣皆以戎服从，五品以上服紫，七品以上服绯，九品以上服绿。只从此起，遂为不易之制。"到了唐代，这种戎服成为"便服"，又称"省服"；再到宋代，便改称"公服"。公服的衣袖唐初原来很窄，"全是胡服""中年渐宽，末年又宽"，"相承至今，又益阔也"。他还指出，宋代吏人所戴的冠，就是唐代官员朝服中的"幞头，圆顶软脚"。士人所穿的服装，在徽宗宣和末年（1125 年），京师的士人"行道间，犹着衫帽"。"至渡江，戎马中，乃变为白凉衫。绍兴二十年间，士人犹是白凉衫。至后来军兴，又变为紫衫，皆戎服也。"至于古人的衣冠，"大率如今之道士"，"道士以冠为礼，不戴巾"。他从衣冠的演变历史提出："而今衣服未得复古，且要辨得华夷。"[1] 显然，朱熹比较透彻地了解汉族的服装是不断变化的，所以他反对衣冠恢复古制，同时主张区分华

1　《朱子语类》卷 91《礼八·杂仪》。

夷（按：指周邻少数民族），还有是要节省费用，穿着方便。此其二。

朱熹针对当时"衣服无章，上下混淆"的现状，提出现在即使不能"大定经制"，也应暂且"随时略加整顿"，这总比"不为"即无所作为要好。他的整顿设想有："小衫令各从公衫之色，服紫者小衫亦紫，服绯绿者小衫亦绯绿，服白则小衫亦白；胥吏则皆乌衣。余皆仿此，庶有辨别也。"[1] 主张将小衫的颜色改成与公服一致，以便各级官员和胥吏等易于识别。此其三。

可见朱熹并未主张宋代的服饰制度全面恢复古制。其他的理学家，即使个别可能有类似的观点，但决不能代表所有的理学家都主张恢复古代的服饰制度，更不能夸大为宋代理学持此主张。

至于有的学者强调理学思想的"兴起和繁荣"（按："繁荣"一词似应改为"广泛传播"更为确切）导致了宋代社会生活的全面"复古"，这更不符合事实。笔者以为，第一，宋代理学，此处仅指程朱理学，对宋代社会生活的影响实际并不像某些学者想象中的那么严重。众所周知，二程的理学上距北宋开国百余年后，晚至宋神宗、哲宗元

---

1 《朱子语类》卷91《礼八·杂仪》。

祐间（1086—1094年）在社会上一度传播，但影响不大，到哲宗绍圣时（1094—1098年），尤其在徽宗时，程颐受迫害，名列"元祐党籍"，还下令严禁其"聚徒传授"[1]。王安石"新学"盛行，在各级学校中，"非（王安石）《三经义》《字说》，不登几案"[2]。当时二程的理学只能转入"地下"传播。朱熹的一生也历尽坎坷。他在世71年，在地方或入朝真正担任差遣的时间并不多，充其量共九考，实际不过七年稍多，立朝仅40天。孝宗时，他受到过政治上的两次打击。宋宁宗时，朱熹再次受到了政治上的沉重打击，前后持续了五年多时间，抑郁而终。嘉定元年（1208年），宁宗下诏为朱熹平反昭雪，次年又在赐谥目"文"的公文中肯定朱熹在思想学术上的贡献。但真正充分重视程朱理学，并使之取得思想学术方面的统治地位，更迟至南宋后期理宗时。笔者以为，过高估计程朱理学对宋代社会生活的影响是不符合史实的。

第二，宋代理学家并没有主张对当时的社会生活全面实行古制，也就是全面"复古"。我们知道，朱熹曾经反复对自己的学生指出："礼乐废坏二千余年，若以大数

1　李心传：《道命录》卷2。

2　李心传：《建炎以来系年要录》（以下简称《要录》）卷87，绍兴五年三月庚子。

观之，亦未为远，然已都无稽考处。""古礼如此零碎繁冗，今岂可行！亦且得随时裁损尔。"又说："居今而欲行古礼，亦恐情文不相称，不若只就今人所行礼中删修，令有节文、制数、等威足矣。"[1]认为古礼过于琐细繁冗，不过"具文"，即使在当时也"未必尽用"。到二千多年以后的宋代，自然更难实行。所以，只能以当时人们所通行的礼制为基础加以删修，使之适合"今人"的需要。由此证明，宋代理学家并没有提出过在当时的社会生活中全面恢复古代的礼制。

第三，本书以丰富的内容，确实的史料，充分地证明宋代的社会生活所受理学的影响不深，古代严格的社会生活等级制度在宋代始终未被严格遵守。宋代的服饰正处于一个不断变化的过程，已如前述。婚姻观念，由中唐以前的重视士族门阀，转变为重视新的官僚门第，重视资产。婚姻和丧葬礼仪也变得简便、灵活和多样化。官府对民间房舍的等级限制比唐代有所放宽，居室用具种类日显繁复，如直腿椅和交椅的逐渐普及改变了以前席地而坐的习惯。饮食的原料和佐料都比前代有所增加，食品的花色品种也增加很多，形成了北食和南食两大饮食系统，面食中

---

1 《朱子语类》卷84《礼一·论考礼纲领》。

的汤饼逐渐向索面即面条演变。

凡此种种，都说明在两宋 320 年内，人们的生活不仅是绚丽多彩的，而且处于不断的变化之中。由此证明，宋代理学家并没有提倡社会生活全面恢复古制，也没造成社会全面复古的效果。

在本书出版之前，已有诸如前述谢和耐教授的《南宋社会生活史》，该书除有 1982 年马德程先生的中译本外，又有刘东先生的中译本，题为《蒙元入侵前夜的中国日常生活》[1]，伊永文《宋代城市风情》[2]、周宝珠《宋代东京开封府》[3] 和《宋代东京研究》[4]，吴涛《北宋都城东京》[5]，林正秋等《南宋故都杭州》[6]，杭州市政协办公室《南宋京城杭州》。有关宋代婚姻礼俗的研究，有彭利芸《宋代婚俗研究》[7]、张邦炜《婚姻与社会（宋代）》[8]。论述金代民俗的专

1　《蒙元入侵前夜的中国日常生活》，海外中国研究丛书之一，江苏人民出版社 1995 年版。

2　伊永文：《宋代城市风情》，黑龙江人民出版社 1987 年版。

3　周宝珠：《宋代东京开封府》，《河南师大学报》增刊 1984 年。

4　周宝珠：《宋代东京研究》，宋史研究丛书之一，河南大学出版社 1992 年版。

5　吴涛：《北宋都城东京》，河南人民出版社 1984 年版。

6　林正秋等：《南宋故都杭州》，中州书画社 1984 年版。

7　彭利芸：《宋代婚俗研究》，台北新文丰出版公司 1988 年版。

8　张邦炜：《婚姻与社会（宋代）》，四川人民出版社 1989 年版。

书，有宋德金《金代的社会生活》[1]。《文史知识》、《文史》、《浙江学刊》、《中国烹饪》、《上海师大学报（社科版）》、《历史月刊》(台北)等刊物，也都曾发表过一些论述这一时期社会生活的文章。我们在编写时作了参考，谨在此表示谢意。

---

[1] 宋德金:《金代的社会生活》，中国风俗丛书之一，陕西人民出版社 1988年版。

第一章

称谓和排行

辽、宋、西夏和金的官制以其复杂多变为主要特点，官署、官职的简称和别称，官员和百姓的称谓以及排行等，随着社会生活的发展，也与前代有很多的区别。

一、官署、官职的简称和别称

这一时期各国的职官制度由于历史传承的原因和契丹、党项、女真等民族部落制的影响，显得十分复杂而又变化多端，官署、官职的简称和别称林林总总，不胜枚举。

（一）两宋

在中国封建社会中，宋代的职官制度尤其复杂而多变。

1. 中央官署和官职

二府：北宋前期，朝廷设"中书门下"和"枢密院"

对掌文、武大权，时称"二府"，又称"两司"[1]。中书门下居东，称"东府"；枢密院居西，称"西府"。元丰改制后，宰相治事的官署亦称"东府"或"东省"，枢密院则称"西府"或"西枢"[2]。

中书门下：北宋前期承晚唐之制，在宫中设置"中书门下"，题榜"中书"[3]。其办公厅称"政事堂"，别称"都堂"[4]，中书门下和中书省以及中书侍郎、中书舍人均可简称"中书"，容易相混。

正宰相简称"平章事"或"同平章事"，尊称"相公"，简称"首台"，别称"燮"[5]。副宰相简称"参政"。两名参知政事和三名枢密院长官，合称"五府"[6]。

哲宗时，开始设"平章军国重事"或"同平章军国重事"之职，以处硕德重臣，位居宰相之上，简称"平章"[7]。

枢密院：枢密院简称"枢府"、"密院"，别称"宥

---

1 《宋史》卷162《职官志二》；孙逢吉：《职官分纪》卷3《宰相》。

2 《续资治通鉴长编》(以下简称《长编》)卷226，熙宁四年九月丁未；楼钥：《攻媿集》卷40《参知政事陈骙知枢密院事》。

3 《职官分纪》卷3《宰相》。

4 宋敏求：《春明退朝录》卷上；《玉海》卷120《乾道左右丞相》。

5 朱彧：《萍洲可谈》卷1；董弅：《闲燕常谈》；曾布：《曾公遗录》卷8。

6 《春明退朝录》卷上；赵升：《朝野类要》卷2《五府》。

7 《宋史》卷416《汪立信传》。

府"[1]。枢密院的长官枢密使简称"枢密",知枢密院事简称"知枢",两者别称"枢相"、"大貂";枢密使并直太尉,俗称"两府"[2]。其副长官是枢密副使,简称"枢副"或"副枢";"签署枢密院事"或"同签署枢密院事",简称"签枢"或"同签枢"。"签署"二字,在英宗即位后因避"御讳",改为"签书"[3]。

　　凡以亲王、留守、枢密使、节度使而兼门下侍中、中书令、同中书门下平章事者,都称"使相"[4]。

　　三司:三司号称"计省"。长官"三司使"别称"计相",三司副使别称"篦"[5]。

　　翰林学士院:简称"学士院",别称"北扉"、"北门"。又因其正厅名"玉堂",故又别称"玉堂"[6]。学士

1　《永乐大典》卷 11001;司马光:《温国文正司马公文集》卷 48《密院札子》;李心传:《旧闻证误》卷 2。

2　高承:《事物纪原》卷 4《枢密》、《知枢》;姜特立:《梅山续稿》卷 15《赠叶枢相》;祖无择:《龙学文集》卷 14《紫微撰〈西斋话记〉共三十五事》;《朝野类要》卷 2《两府》。

3　《事物纪原》卷 4《枢副》;《温国文正司马公文集》卷 58《上庞副枢论贝州事宜书》;《宋史》卷 162《职官志二》;陆游:《老学庵笔记》卷 10。

4　《宋史》卷 161《职官志一》。

5　《宋史》卷 162《职官志二》;赵与时:《宾退录》卷 1;施宿:《嘉泰会稽志》卷 3《通判廨舍》。

6　江少虞:《宋朝事实类苑》卷 31《词翰书籍》;叶梦得:《石林燕语》卷 7。

院的翰林学士承旨简称"翰林承旨",别称"翰长"、"院长"[1]。翰林学士尊称"内翰"、"内相",别称"典制北门"、"坡"或"銮坡"。遇到起草重要文书,朝廷派两名学士"当直(值)",称"双宣学士"[2]。其他官员入院而未授学士,称"直学士院",别称"直北扉"。北宋前期,翰林学士带知制诰者,称"内制",知制诰以及元丰改制后的中书舍人称"外制",内、外制总称"两制"[3]。

三省:门下省,又称"左省",别称"东台"、"黄门"、"鸾台"[4]。元丰改制后,尚书左仆射兼门下侍郎称为"左相",门下侍郎也别称"黄门"。给事中简称"给事",别称"夕郎"、"青琐"[5]。中书省,又称"右省",别称"西台"、"紫微"、"凤阁"、"凤池"等[6]。元丰改制后,尚书右仆射兼中书侍郎称"右相",中书侍郎也可简称"中书";

---

1 《宋史》卷 267《张洎传》;王益之:《职源撮要·翰林学士承旨》。

2 《事物纪原》卷 4《内翰》;《嘉泰会稽志》卷 3《进士》;《石林燕语》卷 5;《宋会要辑稿》(以下简称《宋会要》)职官 6 之 53。

3 《要录》卷 148;林駉:《古今源流至论》后集卷 2《两制》。

4 《攻媿集》卷 41《通奉大夫显谟阁待制陈岘》;李纲:《梁溪集》卷 37《给事中除户部侍郎诏》;《永乐大典》卷 7303。

5 《宋史》卷 161《职官志一》;《事物纪原》卷 5《夕拜》等。

6 张嵲:《紫微集》;《事物纪原》卷 6《凤池》;朱弁:《曲洧旧闻》卷 6。

为副相时，别称"小凤"[1]。

门下省设起居郎，称"左史"；中书省设起居舍人，称"右史"，总称"二起居"或"两史"，别称"左螭"和"右螭"[2]。但在北宋前期，"两史"仅用以寄禄，并不典职，而另外委派官员领其事，称为"修起居注"，简称"修注"官。中书省设中书舍人，简称"中书"。久任中书舍人者别称"阁老"[3]。知制诰美称"三字"官。"权中书舍人"别称"摄西掖"[4]。

尚书省，又称"都省"、"南省"，别称"文昌"、"中台"、"内台"[5]。尚书省长官的办公厅也称"都堂"[6]，易与北宋前期政事堂的别称"都堂"相混。尚书左丞和尚书右丞别称"左辖"和"右辖"，总称"丞辖"或"纲辖"[7]。孝宗乾道八年（1172年），改左、右仆射称左、右丞相作为正

1　《宾退录》卷1；《曾公遗录》卷7。

2　《事物纪原》卷5《二起居》；《朝野类要》卷2《史官》；洪迈：《容斋四笔》卷15《官称别名》。

3　《宾退录》卷1；赵翼：《陔余丛考》卷26《阁老》；《旧闻证误》卷2。

4　洪迈：《容斋三笔》卷12《侍从两制》；《要录》卷149。

5　《事物纪原》卷6《都省》；《宋会要》职官4之1、2；庞元英：《文昌杂录》；马端临：《文献通考》卷51《职官五》。

6　《宋会要》职官4之1。

7　李廌芸：《炳烛编》卷4《纲辖》。

宰相，别称"左揆"、"右揆"，总称"两揆"[1]。尚书左、右仆射，左、右丞，中书侍郎，门下侍郎总称"八位"。在左、右仆射为正宰相时，尚书左、右丞和六部尚书总称"八座"[2]。

尚书省左、右司别称"都司"、"大有司"、"都曹"[3]。

吏部又称"文部"、"天官"。户部又称"地官"，别称"民部"、"民曹"、"版曹"。礼部又称"春官"，别称"南宫"、"仪曹"[4]。礼部侍郎别称"春官贰卿"，礼部郎官别称"南宫舍人"。权礼部郎官别称"摄郎仪曹"[5]。兵部又称"武部"、"夏官"。刑部又称"秋台"、"秋官"，又称"宪部"[6]。工部又称"冬官"，别称"起部"[7]。六部的尚书别称"太常伯"，侍郎别称"少常伯"[8]。

六部和三省、枢密院"管干架阁库"或"主管架阁库文字"官简称"架阁"，别称"掌故"。六部监门官别称

1　《事物纪原》卷4《左右相》；宫梦仁：《读书纪数略》卷35《爵秩类》。

2　《朝野类要》卷2《八位》；《事物纪原》卷5《八座》。

3　周密：《癸辛杂识》别集下《李伯玉》。

4　《职源撮要·吏部尚书》；《容斋四笔》卷15《官称别名》。

5　《石林燕语》卷3；《癸辛杂识》别集下《胥吏识义理》；《宋会要》职官73之33。

6　《职源撮要·兵部尚书》；周必大：《二老堂杂志·宪台》。

7　吴自牧：《梦粱录》卷9《六部》；《宋史》卷165《职官志五》。

8　《职源撮要》；《容斋三笔》卷12《侍从两制》。

"城门郎"、"户郎"、"门长"[1]。

　　寺监：各寺卿又称"大卿"，各监正长官又称"大监"[2]。九寺中，太常寺别称"礼寺"、"曲台"、"颂台"[3]。太常卿别称"乐卿"，太常少卿简称"常少"、"少常"，别称"奉常"、"少奉常"[4]。太常丞简称"太丞"，太常博士简称"太博"、"常博"[5]。宗正寺简称"宗寺"、"司宗"，别称"麟寺"、"秋宗"[6]，宗正少卿简称"宗少"。大理寺别称"棘寺"、"棘司"、"棘署"，大理卿别称"棘卿"，大理少卿简称"理少"，大理丞别称"棘丞"，大理寺主簿简称"理簿"，大理评事别称"廷评"[7]。司农寺别称"大司农"、"大农"、"扈农"、"农扈"、"田寺"[8]；司农卿因管辖仓贮，又别称"走卿"；司农丞简称"农丞"[9]。太府寺别称"外府"、"司府"，太府卿别称"忙

1　《宋会要》职官73之33；《永乐大典》卷14046；任广：《书叙指南》卷14《门城管钥》。
2　《宋朝事实类苑》卷27《太常卿秘书监》；《梅山续稿》卷3《寄巩大监》。
3　《书叙指南》卷2《公府区宇》。
4　《曾公遗录》卷8；《容斋四笔》卷15《官称别名》。
5　杨万里：《诚斋集》卷6《江湖集》。
6　许应龙：《东涧集》卷4《董槐除宗正簿制》。
7　《癸辛杂识》别集下《余晦》；洪迈：《容斋五笔》卷4《棘寺棘卿》。
8　朱熹：《朱文公文集》卷91《司农寺丞翁君墓碣铭》。
9　王得臣：《麈史》卷下《谐谑》；刘过：《龙洲集》卷2《王农丞舟中》。

卿"。光禄卿别称"饱卿"。鸿胪卿别称"睡卿"[1]。六监中，国子监别称"成均"（学校亦然）、"胄监"，国子监丞别称"胄丞"，国子博士简称"国博"[2]。太学博士简称"太博"，武学博士简称"武博"[3]。将作监别称"匠寺"、"工监"、"匠监"[4]。将作监和少监别称"大匠"和"少匠"或"小匠"[5]。将作监官员总称"工官"[6]。军器监简称"军监"，别称"戎监"，又称"武监"。各监的主簿都简称"监簿"[7]。

御史台：别称"宪府"、"宪台"、"南台"、"兰台"、"横榻"、"中台"、"乌台"、"乌府"、"霜台"、"柏台"[8]。御史中丞简称"中丞"、"台长"、"台丞"，别称"中宪"、"中执法"、"中司"、"独座"[9]。侍御史知杂事简称"知杂御史"，

1 《永乐大典》卷 14607，卷 14608；《麈史》卷下《谐谑》。
2 杨简：《慈湖先生遗书》附《年谱》卷 1；周密：《齐东野语》卷 17 《景定彗星》。
3 洪迈：《夷坚三志壬》卷 1《倪太博金带》；《癸辛杂识》别集卷下 《余晦》。
4 蔡襄：《端明集》卷 10《毕从益将作监主簿制》。
5 《职源撮要·将作少监》；《容斋四笔》卷 15《官称别名》。
6 王安石：《王临川集》卷 52《余涣试将作监主簿制》。
7 《攻媿集》卷 41《大宗正丞李夰大性军器少监兼权司封郎官》；《永乐大典》卷 14608。
8 《宋史》卷 164《职官志四》；《宋会要》职官 4 之 22。
9 《宋史》卷 164《职官志四》；《容斋四笔》卷 15《官称别名》。

别称"杂端"、"台端"[1]。御史台下设三院：侍御史主管的"台院"，殿中侍御史主管的"殿院"，监察御史主管的"察院"。察院设六名御史，称为"六察"。殿中侍御史别称"副端"。监察御史简称"察官"，别称"豸"[2]。

谏院：又称"谏垣"。左、右谏议大夫简称"大谏"，别称"大坡"。左、右司谏别称"中谏长"，左、右正言别称"小谏"或"小坡"[3]。

秘书省：别称"蓬省"、"麟台"、"芸台"、"兰台"、"道山"[4]。其长官秘书监简称"秘监"，别称"大蓬"；秘书少监简称"秘少"，别称"小蓬"、"少蓬"；秘书丞简称"秘丞"[5]。秘书丞与太常丞、宗正丞总称"三丞"。秘书省的属官著作郎别称"大著作"、"大著"，著作佐郎别称"小著"[6]。著作郎和著作佐郎总称"二著"[7]。

1　《宋史》卷 164《职官志四》；刘昌诗：《芦浦笔记》卷 5。

2　《宋史》卷 164《职官志四》；《癸辛杂识》别集下《郑清之》。

3　《宾退录》卷 9；《炳烛编》卷 4《大坡小坡》。

4　《齐东野语》卷 14《馆阁观画》；《职源撮要·秘书监、秘书省》。

5　王明清：《挥麈后录》卷 6《冯京作主文，取张芸叟置优等》；《老学庵笔记》卷 4。

6　叶梦得：《避暑录话》卷下；范仲淹：《范文正公集》卷 12《蔡齐墓志铭》。

7　刘克庄：《后村集》卷 43《玉牒初草·宁宗皇帝》。

馆阁：别称"道山"。任馆职者也称"省官"[1]。资政殿大学士简称"大资政"或"大资"，观文殿大学士简称"大观文"[2]，观文殿学士简称"观学"，端明殿学士简称"端明"，显谟阁学士简称"显学"，显谟阁直学士与徽猷阁直学士等都称"阁学"[3]。据方勺《泊宅编》、高承《事物纪原》等书记载，龙图阁学士简称"龙学"、"龙阁"，别称"老龙"（王得臣《麈史·谐谑》作"大龙"）；龙图阁直学士也可简称"龙学""直龙"，别称"大龙"（《麈史·谐谑》作"小龙"）；龙图阁待制简称"龙制"，别称"小龙"；直龙图阁简称"直龙"，别称"假龙"。任直龙图阁而至死者，称为"死龙"[4]。集贤殿修撰俗称"热撰"，秘阁修撰俗称"冷撰"，天章阁待制简称"天制"，枢密直学士简称"枢直"或"密学"、"密直"[5]。

2. 地方官署和官职

路级官署：转运使司简称"漕司"、"漕台"。转运使

1　《紫微集》卷29《谢馆职上赵相公启》；《道山清话》。

2　晁补之：《鸡肋集》卷61《祭大资政李公文》；《旧闻证误》卷2。

3　梁克家：《淳熙三山志》卷23《秩官类四》；《避暑录话》卷上。

4　《避暑录话》卷上；《麈史》卷下《谐谑》。

5　《宾退录》卷2；《事物纪原》卷4《天制》、《枢直》；郑克：《折狱龟鉴·陈述古》。

简称"运使",别称"外计"、"计使"[1]。转运副使简称"运副",转运判官简称"运判"。掌管两路以上的"都转运使",简称"都运"或"都漕"[2]。提点刑狱司简称"提刑司",又与御史台一样别称"宪台",又别称"宪司"、"臬司"[3]。提点某路诸州军刑狱公事简称"提刑";如由武臣充任"同提点刑狱",简称"武宪"[4]。提举常平等司总称"提举司",其长官总称"提举官"。提举常平司别称"仓司"、"庾司"。提举某路常平简称"常平使者"、"常平官"[5]。提举茶盐司简称"茶盐司",提举某路茶盐简称"提盐"[6]。提举学事司简称"学事司"、"学司";提举某路学事简称"提学"[7]。漕司、宪司和仓司号称"外台"。监司又可称"监职"或"部刺史"。安抚使司别称"帅司",安抚使别称"帅臣"[8]。

---

1 杨杰:《无为集》卷12《沈立神道碑》;《癸辛杂识》前集卷1《闽鄞二庙》。

2 《事物纪原》卷6《运副》、《运判》;《宋史》卷167《职官志七》。

3 《二老堂杂志·宪台》;宋慈:《洗冤集录序》。

4 《宋史》卷167《职官志七》。

5 钱大昕:《十驾斋养新录》卷10《庾司》;《宋史》卷167《职官志七》。

6 王洋:《东牟集》卷7。

7 《夷坚支戊》卷4《五台文殊》;《宋会要》崇儒2之16,选举20之2。

8 蔡戡:《定斋集》卷2《乞选择监司奏状》;葛胜仲:《丹阳集》卷3《上监职书》;《宋会要》职官41之116。

路级一些特殊官署，如制置使司简称"制司"，别称"制阃"。其长官制置使，简称"制臣"或"制使"。发运使司简称"发运司"，其长官发运使简称"发运"[1]。总管数路"某某等路都大发运使"别称"大漕"，发运副使简称"发副"[2]。总领某路财赋军马钱粮所简称"总司"、"总所"，别称"饷所"、"饷司"，其长官"总领某路财赋"简称"总领"[3]。

州级官署：北宋都城开封府和南宋都城临安府，其长官是牧、尹，委派亲王充任，称"判南衙"。实际并不常设，而另派"权知府"一人为长官。凡任权开封府知府或临安府知府者，称"尹天府"；任临安通判者，称"倅天府"[4]。

各州的长官"权知某州军州事"简称"知州"，别称"牧"、"郡太守"、"郡守"、"专城"、"五马"、"郡寄"、"紫马"、"州将"、"明府"、"府君"、"明使君"[5]。另设"通

1　黄震：《古今纪要逸编》；《宋史》卷476《李全传上》；龚明之：《中吴纪闻》卷4《卢发运》。
2　《宋史》卷167《职官志七》；《事物纪原》卷6《发副》。
3　章如愚：《山堂先生群书考索》续集卷37《官制门》；《十驾斋养新录》卷10《四总领》。
4　陶毅：《清异录》卷上《官志》；岳珂：《桯史》卷3《机心不自觉》；《宋会要》职官73之30。
5　《宋会要》职官47之21、46、52；《老学庵笔记》卷3。

判州军事”，简称“通判”，俗称“倅”、“倅贰”，别称“监州”、“半刺”[1]。添差通判俗称“添倅”或“员外倅”[2]。

各州录事参军简称“录事”、“录参”。知录事参军简称“知录”。司户参军简称“司户”。司法参军简称“司法”，别称“法掾”[3]。司理参军简称“司理”，别称“理掾”[4]。

各州幕职官简称“职官”，别称“宾佐”、“幕客”[5]。签署（书）判官公事厅简称“都厅”，徽宗宣和三年（1121年）改称“签判厅”或“签厅”[6]。其长官签书判官公事（节度州即称签书节度判官公事），简称“签判”。徽宗时曾改称“司录”。节度、观察或军事判官厅简称“判官厅”，其长官节度判官简称“节判”，观察判官简称“察判”，军事判官简称“军判”[7]。节度、观察或军事推官厅简

1 《书叙指南》卷2；《永乐大典》卷7325；《宋会要》职官47之52、53。

2 《宋史》卷161《职官志一》；陆游：《渭南文集》卷43《入蜀记》。

3 《职官分纪》卷40《总州牧》；《朱子语类》卷112《论官》；《范文正公集》卷12《胡令仪神道碑》。

4 《慈湖先生遗书》卷18《杨简行状》；王栐：《燕翼诒谋录》卷1《置司理参军》。

5 《宋史》卷373《洪遵传》；叶适：《水心文集》卷20《黄度墓志铭》。

6 《永乐大典》卷2789；卢宪：《嘉定镇江志》卷16《金厅》。

7 《宋史》卷167《职官志七》；《朝野类要》卷2《幕职》；《事物纪原》卷6《军判》。

称"节推厅"、"察推厅"或"推官厅"，长官节度推官简称"节推"[1]，观察推官简称"察推"，军事推官简称"推官"[2]。凡推官也可简称"推"[3]。节度掌书记厅简称"书记厅"，其长官为节度掌书记，无出身者则称观察支使，简称"书记"、"支使"[4]。幕职官皆可别称"从事"，有时路级官属如勾当公事和州的通判也可用此称[5]。此外，州学设教授，教授可至州衙厅前上下马，故称"上马官"。所有学官为"缓慢优闲之职"，号称"冷官"[6]。在都城的府学任教官，则称"京教"。在诸王宫任大、小学教授者，也简称"宫教"[7]。

　　驻泊兵马都监厅、兵马都监厅和兵马监押厅简称"驻泊厅"、"都监厅"和"监押厅"。其长官驻泊兵马都监、兵马都监和兵马监押，分别简称"驻泊"、"都监"和"监押"[8]。

1　《淳熙三山志》卷7《职官厅》；曾巩：《元丰类稿》卷4《李节推亭子》。

2　《朝野类要》卷2《幕职》；《永乐大典》卷2789。

3　陆九渊：《象山先生全集》卷8《与赵推》。

4　谈钥：《嘉泰吴兴志》卷2《州治》；《事物纪原》卷6《书记》、《支使》。

5　《宋史》卷171《职官志十一》。

6　《朝野类要》卷2《上马官》、《冷官》。

7　《癸辛杂识》别集上《黄国》；《事物纪原》卷5《宫教》。

8　《淳熙三山志》卷7《驻泊都监监押厅》，卷23《州司武官》。

县级官署：知县和县令都称"作邑人"，别称"明府"、"明大夫"、"明廷"[1]。县丞如差京朝官任职，称为"知县丞"，简称"知丞"[2]。县丞别称"赞府"[3]。县尉别称"少府"、"户尉"、"仙尉"[4]。

3. 阶官

宋前期阶官中，太子赞善大夫简称"赞善"，太子中舍简称"中舍"，"中舍"与中书舍人无关[5]。元丰官制后开府仪同三司简称"开府"，金紫光禄大夫、银青光禄大夫简称"金紫"和"银青"，以下自光禄大夫、宣奉大夫至承直郎都摘取前两字而省去"大夫"或"郎"字作为简称。其中中大夫则例外地简称"中大"[6]。京官和选人都以"郎"为阶官，其简称即省去"郎"字，如通直郎简称"通直"，宣教郎简称"宣教"，修职郎简称"修职"[7]。

1　《宋会要》职官 47 之 50；徐积：《节孝集》卷 7《送吕明府》；洪迈：《容斋随笔》卷 1《赞公少公》。

2　《兴化府志·叙官》；《朝野类要》卷 2《知丞》。

3　方回：《桐江集》卷 1《汪斗山识悔吟稿序》；《容斋随笔》卷 1《赞公少公》。

4　赵彦卫：《云麓漫钞》卷 5；周煇：《清波别志》卷中。

5　《容斋三笔》卷 16《中舍》；文同：《丹渊集》卷 30《谢三泉知县赞善》。

6　《龙洲集》卷 7《代上韩开府》；《曾公遗录》卷 7；《避暑录话》卷上。

7　《攻媿集》卷 14《石通直挽词》；陈与义：《陈与义集》卷 30《黄修职雨中送芍药五枝》。

武臣官名的简称不太复杂，如三班奉职简称"奉职"，左右班殿直简称"殿直"，左右侍禁简称"侍禁"[1]，东西头供奉官简称"供奉官"，内殿崇班简称"崇班"[2]，左、右骐骥正使和副使简称"骐骥"[3]。这些简称不分左右，不辨正副，容易引起混乱。徽宗政和二年（1112 年）进一步改革官制，用"大夫"和"郎"代替原有的阶官。这些新的阶官在简称时，一般省去"大夫"和"郎"字，但也带来了一些混乱，如"武功大夫"和"武功郎"都简称"武功"，便不易搞清其真正的官阶高低。

宋代还以节度使和观察使为"两使"。节度使有时称"节钺"[4]。承宣、观察、防御、团练等正使，简称时一般省去"使"字。遥郡观察使、防御使、团练使、刺史，简称"遥察"、"遥防"、"遥团"、"遥刺"[5]。其中遥郡防御使，未立军功，不准"落阶官"，俗称"秃头防御"。

宋代在相当长的时间里，还将阶官分为左、右，凡阶

---

1 李觏：《李觏集》卷 36《送杜奉职》，卷 37《送侯殿直之官吉州》、《赠韩侍禁》。

2 《宋史》卷 171《职官志十一》；《王临川集》卷 53《崇班胡珫等改官制》。

3 《温国文正司马公文集》卷 75《苏骐骥墓碣铭序》。

4 《老学庵笔记》卷 3；谢深甫等：《庆元条法事类》卷 4《官品杂压》。

5 《曾公遗录》卷 8；苏辙：《栾城集》卷 27《皇兄令羽磨勘转遥团》。

官前带"左"字者，因"左"字像"右"字开口，所以别称"开口官"[1]。

（二）辽代和金代

辽代：辽代的官制有蕃汉并行、自成系统、名实不一、复杂多变，制度疏略、记载错乱等特点。辽代既不像唐、宋官制那样繁琐，又不像金、元官制那样自成体系，而只是因俗而治，因事设官，因人设职。但辽代没有留下记载职官制度的原始典籍。《辽史·百官志》只是元代编修者依据见于纪、传的官名，参考唐制，勉强排比拼凑，以致重复错乱之处甚多[2]。有关官署、官职的简称和别称也极少记载，仅有如称枢密院为"枢府"[3]。

金代：金代的职官制度杂糅了女真族的军事部族制和辽、宋的旧制。金太祖建国伊始，封其弟完颜吴乞买（名晟，后为太宗）为谙班勃极烈，国相完颜撒改为右国论勃极烈，完颜辞不失为阿买勃极烈，弟完颜斜也（杲）为国论昃勃极烈。勃极烈具有部落贵族议事会的性质，又是辅

1　叶绍翁：《四朝闻见录》丙集《秃头防御》；《朝野类要》卷2《开口官》。
2　蔡美彪：《蕃汉并行的辽朝官制》，杨志玖主编：《中国古代官制讲座》，中华书局1992年版。
3　《辽史》卷110《萧十三传》。

助皇帝的统治机构。太宗灭辽，仿辽朝南面官制，以汉官治汉地，建尚书省，"遂有三省之制"；会宁府朝廷则仍行女真官制。熙宗时，"颁新官制及换官格"，"大率皆循辽、宋之旧"。海陵王时，撤销中书省和门下省，只设尚书省，成为朝廷最高行政官署。尚书省以下，分设各院、台、府、司、寺、监、局、署、所等。

1. 尚书省和其他中央官署、官职

尚书省有时简称"尚书"。左、右丞相简称"丞相"，平章政事简称"平章"，参知政事简称"参政"[1]。尚书省的长官尤其是参知政事常被人尊称"相公"[2]。

左、右司郎中和左、右司员外郎别称"首领官"，左、右司的属官都事皆可径称"都事"，或直称"左司"或"右司"。尚书省讲议官简称"讲议"[3]。户部尚书、礼部尚书等往往省略部名，只称"尚书"；但有的户部侍郎、员外郎或刑部和吏部郎中，常省去侍郎、郎中或员外郎的官称，只称部名[4]。作为某部侍郎不省称"某部"而径称"侍郎"者甚少[5]。

1　刘祁：《归潜志》卷 10；《金史》卷 5《海陵》，卷 116《蒲察官奴传》。
2　《金史》卷 117《王宾传》。
3　《中州集》卷 4，卷 10。
4　《归潜志》卷 4 杨云翼、萧贡、庞铸、冯延登，卷 5 杨慥、房维桢、魏琦。
5　《金史》卷 75《沈璋传》。

　　此外，枢密院简称"枢密"或"枢府"。尚书省和枢密院合称"省院"[1]。其副长官枢密副使简称"副枢"，签书枢密院事简称"签院"，枢密院判官简称"枢判"、"院判"[2]。翰林学士院，简称"翰苑"。翰林学士承旨简称"承旨"，别称"翰长"；翰林学士简称"学士"、"内翰"；翰林待制简称"待制"，翰林修撰简称"修撰"；翰林直学士简称"直学士"，应奉翰林文字简称"应奉"[3]。翰林直学士和待制、修撰、应奉文字也皆可称为"内翰"，翰林侍讲学士和待制、应奉文字皆可简称"翰林"。有时，翰林待制也被人尊称为"学士"[4]。御史台别称"宪府"，御史中丞简称"中丞"，监察御史简称"监察"或"御史"[5]。殿前都点检简称"点检"。左、右谏议大夫简称"谏议"，左、右司谏简称"司谏"[6]。判大宗正事简称"判宗正"；司农少卿也可简称"司农"；国史院别称"史馆"，编修官简称"编修"；太常卿别称"奉常春官"，太常丞也可被人尊称为

1　《金史》卷 110《杨云翼传》，卷 109《陈规传》。

2　《金史》卷 114《白华传》，卷 17《哀宗上》；《归潜志》卷 9。

3　《中州集》卷 10；《金史》卷 110《赵秉文传》；《归潜志》卷 7，卷 10 赵可。

4　《金文最》卷 95《内翰王公墓表》；《中州集》卷 1。

5　元好问：《遗山先生文集》卷 15《拟御史大夫让枢密使表》；《归潜志》卷 5 李英。

6　《金史》卷 132《徒单贞传》，卷 129《张仲轲传》；《归潜志》卷 4 许古。

"太常"[1]。秘书监简称"秘监"，秘书少监简称"秘书"。有时，秘书省著作郎也称为"秘书"。著作局的著作郎简称"著作"。大理司直简称"司直"。司竹监使简称"监使"[2]。皇太子的居所称"东宫"，别称"春宫"；太子太傅等统称"宫师"[3]。记室参军简称"记室"[4]。

2. 地方官署和官职

金代地方行政区划实行路、州、县三级建制。路设兵马都总管府、按察司（即提刑司）、安抚司（即宣抚司）、转运司等。提刑司作为"专纠察黜陟"的官署，"当时号为外台"。按察使简称"按察"，提刑司判官别称"外台判官"[5]。都转运使司简称"漕司"，其长官都转运使简称"都运"。有时中都路转运使也可简称"都运"。转运使简称"运使"，转运副使简称"漕副"或"运副"[6]。安抚司简称"安抚"，经

1　《金史》卷76《萧玉传》；《归潜志》卷5康锡、申万全。

2　《金史》卷90《贾少冲传》；《归潜志》卷4张谷英；元好问编：《中州集》戊集第五。

3　《金史》卷109《完颜素兰传》；王寂：《拙轩集》卷1《咏张宫师〈二疏东归图〉》。

4　《遗山先生文集》卷7《闻希颜得英府记室》。

5　《金史》卷98《完颜匡传》；赵秉文：《闲闲老人滏水文集》卷3《送李按察十首》。

6　《金史》卷75《左渊传》；《遗山先生文集》卷9《梁都运乱后……》。

略司简称"经略"[1]。陕西诸道行御史台简称"西台"[2]。

各州的正职长官如节度使、防御使、刺史别称"州将"[3]。副职长官如同知防御使事、同知州事别称"州倅"，府的同知府事也称"倅"[4]。府的判官简称"府判"，而防御州的判官则称"防判"[5]。防御州的防御使简称"防御"。各节镇的节度使和节度副使简称"节度"、"节使"和"节副"[6]。节度判官和观察判官，次赤县的县令，各总管府的推官，简称"节察令推"。"盐度户勾"是指三司的盐铁、度支、户部三科的勾当官[7]。

各路总管府的兵马都总管简称"总管"。金末，各地分设行总帅府事，简称"总帅"，别称"行院"[8]。

3. 阶官

金代的文官，其中正二品至从六品皆称某某大夫，正七品至从九品皆称某某郎。前者皆省略"大夫"二字，如正奉

1　《金史》卷 110《韩玉传》，卷 118《靖安民传》。

2　《遗山先生文集》卷 5《送希颜赴召西台……》。

3　《金史》卷 111《纥石烈牙吾塔传》；《归潜志》卷 6。

4　《归潜志》卷 7；《金文最》卷 109《中议大夫、中京副留陈规墓表》。

5　《归潜志》卷 5 韩玉；《金文最》卷 87《中靖大夫邵公墓志铭》。

6　《中州集》卷 5；《金史》卷 122《张顺传》，卷 128《蒲察郑留传》；《拙轩集》卷 2《泛舟用王子告节副韵》。

7　《归潜志》卷 7。

8　《归潜志》卷 5 田琢；《金史》卷 113《白撒传》。

大夫简称"正奉"[1]。武散官自正三品至从三品称某某大将军，正四品至从四品称某某上将军，正五品至从六品称某某将军，正七品至正九品称某某校尉，从九品称某某副尉。如金吾卫上将军简称"金吾"，武略将军简称"武略"，忠武校尉简称"忠武"[2]，皆省略"上将军"、"将军"、"校尉"等词[3]。

二、官员和百姓的称谓

这一时期各国官员和百姓的称谓，随着社会生活的发展，有些是沿用历史旧称，有些是赋予旧称以新的内容，有些则是新出现的称谓。

（一）两宋

宋代的各种称谓，按其性质分为尊称、卑称、通称、美称、恶称、谬称等六种。

1. 各行业的通用称谓

首先是皇帝和皇后、嫔妃、公主、驸马、宗室等的

1　《中州集》卷 2；《拙轩集》卷 3《上大人通奉寿三首》。

2　《归潜志》卷 2 李献能；《金文最》卷 104《忠武任君墓碣铭》。

3　《归潜志》卷 6。

称谓。宋代官员和百姓都尊称皇帝为"官家"。赵彦卫
《云麓漫钞》卷 3 记载:"蔡邕《独断》,汉百户小吏称
天子曰'大家'。晋曰'天'。唐人多曰'天家',又云
'官'。今人曰'官家',禁中又相语曰'官里'。官家之
义,盖取'五帝官天下,三王家天下'。"有人说过:宋
仁宗"百事不会,只会做官家"[1]。官员又经常称皇帝为
"上"。在宫中,嫔妃也称皇帝为"大家"。有一次,仁
宗从御苑回宫,吩咐嫔妃们说:"渴甚,可速进熟水。"
嫔妃送上开水,问仁宗:"大家何不外面取水而致久渴
耶?"[2] 宫中称皇后为"圣人",称嫔妃为"娘子"。徽宗
时,一度改称"帝姬",不久复旧[3]。有时皇太后可以称公
主为"主主",看来是一种亲热的称谓。官员们称大长公
主为"大主"[4]。俗称驸马为"国婿"、"粉侯"。王师约当
了驸马,人们因称其父王尧臣为"粉父"。文及甫写信给
邢恕,也称驸马韩嘉彦之兄忠彦为"粉昆"。宗室之女
封为郡主者,其夫称为"郡马";封为县主者,其夫称
为"县马"。亲王南班的女婿,号称"西官",又称"裙

1　施彦执:《北窗炙輠录》卷上。
2　《事物纪原》卷 1《呼上》;魏泰:《东轩笔录》卷 11。
3　蔡絛:《铁围山丛谈》卷 1;吴曾:《能改斋漫录》卷 12《公主称》。
4　钱世昭:《钱氏私志·董夫人》。

带头官"[1]。

其次是官员的通用称谓。皇帝可称臣僚为"卿",但臣僚不敢自相称呼为"卿"。官员们对上级或同级官员自称"下官",是一种谦称[2]。但称呼别人,常常过称官名,实际是互相吹捧。仁宗初年,曾经发现文、武官员过称官名,"僭妄相尊"。如任节度使和观察使者,检校官不到太傅,就允许别人称自己为"太傅";诸司使允许别人称自己为"司徒"等等。当时朝廷特地制定专法加以禁止,但收效甚微,撤销禁令后,"其风愈炽,不容整革矣"。有些官员的寄禄官只是朝议大夫(正六品),却擅自让人称己为"中大夫"(正五品),提高了整整三阶。甚至知州以上的官员都乱称"中大夫"或"通奉大夫"(从三品)[3]。百姓们通称现任官员为"官人"。官员守选或待缺期间,如不回故里,而寄居外乡,在当地被称为"寓公"[4]。

第三,富室的通用称谓。宋代称宰相之子为"东阁"。其实,东阁最初是宰相招延宾客的场所,与宰相之子不相干。后来把"郎君"加在东阁之下,表示宰相之子。到

1　梁章钜:《称谓录》卷11;《朝野类要》卷3《入仕》。

2　王观国:《学林》卷5《朕》;《事物纪原》卷2《下官》。

3　《容斋三笔》卷5《过称官品》;《云麓漫钞》卷4。

4　《挥麈后录》卷5;萧参:《希通录》。

宋代，直接以宰相之子为东阁。权贵的子弟又可称为"衙内"。太宗时，河南府洛阳有"十衙内"，他们是一些节度使在军队中充当牙校的十名子弟。达官显宦家的子弟还可称为"舍人"，得名于武官的官称"閤门宣赞舍人"。各地富人在社会上普遍被尊称为"员外"。南宋末年人方回指出，北宋时汴京"富人皆称员外"，"员外"得名于尚书省各部的员外郎，为长官的副手。追溯到宋以前，"员外"乃指宋代的"添差"即超编官员[1]。如果富人的年龄较轻，则人称"小员外"。有些富人被称为"承务"或"郎"，得名于文官的官阶之一承务郎。孝宗时，湖州市民许六，原以售饼为生，被称为"许糖饼"。后来"家业渐进，遂有'六郎'之称"[2]。"郎"得名于宋代中下级文武官员的寄禄官通称，具体如迪功郎、承信郎。广州民间还称拥有铜鼓者为"都老"，原来当地人称呼所尊敬者为"倒老"，而后讹化为"都老"[3]。

第四，巫医、娼妓、工匠、军人等的通用称谓。宋代市井的巫师、医人、祝卜、技艺之流，无不自称为"助教"。北方称卜相之士为"巡官"，得名于巡游四方卖术。

1　戴埴：《鼠璞·东阁》；《长编》卷18；方回：《续古今考》卷10《附秦汉九卿考》。

2　《夷坚甲志》卷4《吴小员外》；《夷坚支景》卷5《许六郎》。

3　《永乐大典》卷11907《广字·广州府三》。

宋代还开始称医人为"大夫"或"郎中",《清明上河图》绘有汴京"某某大夫"行医售药的药铺。饶州波阳医人赵珪,"人称为赵三郎中"[1]。汴京迁临安医家张二大夫,后在吉州开药店。"医生"是对各级医学中学生的称呼。太医局的学生也可称为"局生";见习学生称为"习医生"或"习学医生","习医生"经过考试合格,则可升为"局生"。当时,北方民间又常常称医人为"衙推"[2]。各行业工匠,开始被人们称为"司务"。木匠称为"手民"或"手货"[3]。在饭馆酒肆内,卖下酒食品的厨子,叫"茶饭量酒博士"或称"量酒博士"。店内的年轻后生,称为"大伯"。在厨内掌勺的厨师,是"当局者",称"铛头"。在两廊负责向客人端菜者,称"行菜"。女厨师被称为"厨娘"[4]。临时到店内向食客唱喏,为之办事,像"买物命妓,取送钱物"等事的人,称为"闲汉"。在客人桌前换汤、斟酒、歌唱,或送上水果、香药,等客人离去时索取赏钱的人,称"厮波"[5]。专门替人"拂拭头面"而有"缴

1　曾敏行:《独醒杂志》卷2;《夷坚三志辛》卷9《赵珪责妻》。

2　《宋会要》职官22之42—43;《老学庵笔记》卷2。

3　李调元:《官话》卷1《外郎》;《清异录》卷上《人事》。

4　孟元老:《东京梦华录》卷4《食店》;《梦粱录》卷19《顾觅人力》。

5　《东京梦华录》卷2《饮食果子》;《梦粱录》卷16《分茶酒店》。

鼻"、"缴耳"和"缴面之末技"的理发修脸匠，称为"剃剪工"、"剃工"、"刀镊家儿"，妇女当理发修脸匠则称为"刀镊妇"[1]。汴京百姓鄙称军人为"赤老"[2]，因为北宋时士兵都穿红色的军装。妓女称为"录事"或"酒纠"。汴京相国寺南有"录事项（巷）妓馆"，妓院中姿色出众、地位最高者称为"上厅行首"或"行首"[3]。人们还称收生婆为"助产"、"老娘"[4]。船上的篙师称为"长年"或"长老"[5]。

第五，仆隶的通用称谓。江西和江东俗称受雇的佣工为"客作儿"，此词早在三国时已经出现，但宋代更为普遍使用，且成为一个骂人的词语[6]。宋朝官员们称自己的家仆为"院子"，称主管自家杂事的仆人为"内知"或"宅老"[7]。吴楚地区的主人称自家年轻的女使为"丫头"。京城富人购买婢女，其中从未进入人家者被称为"一生

1　《名公书判清明集》卷14《惩恶门·卖卦人打刀镊妇》；耐得翁：《都城纪胜·闲人》。
2　江休复：《江邻几杂志》。
3　《老学庵笔记》卷2，卷6；《东京梦华录》卷3《寺东门街巷》；《梦粱录》卷2。
4　袁褧：《枫窗小牍》卷下；《朱子语类》卷138《杂类》；《武林旧事》卷8。
5　《鼠璞·篙师》；王铚：《默记》卷上。
6　《能改斋漫录》卷2《俗骂客作》。
7　谢采伯：《密斋笔记》卷4；《东轩笔录》卷2。

人"，主人喜欢她们"多淳谨也"[1]。一般人称未婚的女婢为"妮"、"小妮子"、"小环"。梅尧臣《宛陵先生集》卷53《听文都知吹箫》诗有"欲买小环试教之"之句。仆隶们往往彼此互称官名，比当官的主人的官阶还要高许多。曾慥说："近年贵人仆隶，以仆射、司徒为卑小，则称'保义'，又或称'大夫'也。""保义"即保义郎，"大夫"指武官的官阶武翼大夫以上。两浙地区还称富人家年幼的奴仆为"将军"[2]。奴仆一般称男、女主人为"郎君"和"娘"或"小娘子"，这些"郎君"或"小娘子"应该是年纪比较轻的。年纪较大的仆隶在主人面前，自称"老奴"[3]。

2. 亲属间的通用称谓

宋代亲属之间的称谓，因传统习惯的不同而有所区别，但也有一些各地通用的称谓。这些称谓包括晚辈称呼长辈、同辈之间的称谓等。

第一，子女对父母的通用称谓。宋代子女普遍称父亲为"爹"或"爹爹"，称亲生父亲为"嫡父"；称母亲为"妈"或"妈妈"，称亲生母亲为"嫡母"。庄绰认为，

1　《东牟集》卷6《弋阳道中题丫头岩》；《老学庵笔记》卷6。

2　曾慥：《高斋漫录》；《容斋随笔》卷7《将军官称》。

3　《淳熙三山志》卷40《岁时·序拜》；吕希哲：《吕氏杂记》卷上；沈俶：《谐史·戴献可仆》。

这种称呼是"举世皆然"的[1]。不过，也有一些地区的子女称父亲为"爷"或"爷爷"，称母亲为"娘娘"的。如高宗初，东京留守宗泽威名日著，金人既敬重又害怕，尊称为"宗爷爷"。又如仁宗称真宗刘皇后为"大娘娘"，称真宗杨淑妃为"小娘娘"[2]。徽宗也称杜太后为"娘娘"。蔡绦指出，徽宗"至谓母后亦同臣庶家，曰'娘娘'"。江州（治今江西九江市）农村中称父亲为"大老"。福建人称父亲为"郎罢"或"郎伯"[3]。陕西一带"俚俗"，子女称父亲为"老子"，即使年仅十七八，只要生子，也用此称。所以，西夏人称范仲淹和范雍为"小范老子"和"大范老子"，是尊崇他们为父的缘故[4]。有些地区的子女称父亲之妾为"少母"或"支婆"。陆游《家世旧闻》载有"杜支婆"者，注云："先世以来，庶母皆称支婆。"

第二，长辈对儿女的称呼。福建人称儿子为"囝"（音检）[5]。各地称遗腹子为"别宅子"，法律规定："诸别宅

1　张舜民：《画墁录》；《夷坚志补》卷21《鬼太保》；《鸡肋编》卷上。

2　程大昌：《演繁露》卷4《父之称呼》；《宋史》卷360《宗泽传》；苏辙：《龙川别志》卷上。

3　《铁围山丛谈》卷1；赵令畤：《侯鲭录》卷8；吴处厚：《青箱杂记》卷6。

4　《老学庵笔记》卷1；《云麓漫钞》卷3。

5　《青箱杂记》卷6。

之子，其父死而无证据者，官司不许受理。"称过继与本族本房人为子者为"过房儿子"或"养子"、"义子"、"继子"[1]。出继给他人为子者，称"出继子"[2]。一般民户称人家的在室女（处女）为"小娘子"。"小姐"一般是对散乐、路歧人和妓妾等地位低微的女性的称呼。只在区别人家的长女和次女时，才称长女为"大姐"，称次女为"小姐"[3]。

第三，子孙对祖父母和外祖父母的通用称谓。子孙一般称祖父为"翁"、"翁翁"、"耶耶"、"祖公"或"太公"，称祖母为"婆"、"婆婆"、"娘娘"、"祖婆"、"太母"或"太婆"[4]。北宋末，燕山府永清县有一石幢，上刻"亡耶耶王安、娘娘刘氏……"[5]四川民间尊称长者为"波"，因而对祖父或外祖父也都称"波"。一般外孙称外祖父母之家为"外家"，称外祖父母为"外翁"和"外婆"[6]。

第四，女婿与岳父母之间、女婿与女婿之间、媳妇与

1　《名公书判清明集》卷8《户婚门·别宅子·无证据》、卷8《户婚门·遗嘱·女合承分》。
2　《名公书判清明集》卷7《户婚门·归宗·出继子不肖勒令归宗》。
3　《夷坚三志己》卷2《许家女郎》、卷4《傅九林小姐》；《永乐大典》卷13136《梦字·梦亡夫置宅》。
4　阮元：《两浙金石志》卷13《宋修六和塔砖记》。
5　《十驾斋养新录》卷15《永清县宋石幢》。
6　范成大：《吴船录》卷上；《夷坚丁志》卷5《陈通判女》。

公婆之间等通用称谓。宋代普遍称岳父为"丈人",称岳母为"丈母"。也有称岳父为"冰叟"或"冰翁"。王琪《杂纂续》说,"左科"即差错之一为"丈母牙痛,灸女婿脚跟"[1]。有些地区女婿称岳父为"泰山",称岳母为"泰水"。当时人们尊称他人的岳父为"令岳",称他人妻子的伯父和叔父为"列岳"。至于岳父母,也可雅称女婿为"娇客"、"东床"、"坦床"或"郎"[2]。江休复《嘉祐杂志》载,外戚太尉曹佾是仁宗曹皇后之弟、大臣张耆的"坦床"。蔡襄称自己的女婿谢仲规为"谢郎"。两广地区的岳父母直称女婿为"驸马",这是"中州所不敢言"者[3]。

前夫死后,续招一夫进家,世称后夫为"接脚婿"。法律允许接脚夫的存在,"盖为夫亡子幼,无人主家设也"[4]。有些人家无子,惟恐世代从此断绝,不肯出嫁其女,于是招婿以补其世代,称为"补代"。民间讹传赘婿为"布袋",有人望文生义,以为当了赘婿,"如入布袋,气不得出",故名。有人入赘岳父家,号"季布袋"。江西一

1 《夷坚三志壬》卷 10《解七五姐》;《说郛》卷 5。
2 晁说之:《晁氏客语》;谢维新:《古今合璧事类备要》前集卷 29《外亲属门》。
3 岳珂:《宝真斋法书赞》卷 9《蔡忠惠家书帖》;《鸡肋编》卷下。
4 《名公书判清明集》卷 9《户婚门·违法交易·已出嫁母卖其子物业》。

带称赘婿为"入舍女婿"[1]。

女婿和女婿之间的称呼。大女婿称为"大姨夫"，小女婿称为"小姨夫"[2]。

人们还称同门女婿为"连襟"、"连袂"、"连袪"或"僚婿"、"友婿"。马永卿《嬾真子》卷2《亚婿》说，江东人称为"僚婿"，江北人称为"连袪"、"连襟"。吴曾记载，范仲淹和郑戬"皆自小官、布衣选配，为连袪"[3]。

媳妇一般称公公为"舅"或"阿翁"，称婆婆为"姑"或"阿姑"、"阿婆"[4]。两广、浙西、苏州一带民间还称公公为"官"，称婆婆为"家"[5]。公、婆普遍称儿子的妻子为"媳"或"新妇"。刘跂《学易集·穆府君墓志》说："女嫁唐诵，我姑之媳。"

第五，兄弟姊妹之间的通用称谓。世俗都称兄长为"哥"或"哥哥"，庄绰说这一称呼"举世皆然"[6]。《颍川语小》也记载："哥……今以配姐字，为兄弟之称。"世俗又

1　朱翌：《猗觉寮杂记》卷上；《夷坚三志壬》卷6《隗伯山》。

2　《古今合璧事类备要》前集卷60《婚礼门》。

3　《能改斋漫录》卷18《李氏之门女多贵》。

4　《夷坚甲志》卷7《张屠父》；《夷坚乙志》卷7《毕令女》。

5　王楙：《野客丛书》卷12《称翁姑为官家》；《鸡肋编》卷下。

6　《鸡肋编》卷上。

称姊为"姐"或"姐姐"，弟、妹称兄之妻为"嫂嫂"[1]。

　　第六，夫妻之间的通用称谓。宋代世俗，丈夫可称妻子为"老婆"或"浑家"、"老伴"。临安府的卖卦人，在街市边走边叫："时运来时，买庄田，取（娶）老婆。"[2]借此招徕顾客。有时，老年妇女也可自称"老婆"。如长兴霍秀才之母对官员说："此老婆之子霍某，儿女尚幼……""浑家"一词宋时也较多使用。尤袤《淮民谣》诗云："驱东复驱西，弃却锄与犁。无钱买刀剑，典尽浑家衣。"[3]同时，沿用唐人习俗，"浑家"有时当作"全家"之义使用。如有人赋诗云："深夜一炉火，浑家团圞坐，煨得芋头熟，天子不如我。"[4]夫妻年老后，丈夫可称妻子为"老伴"。姜特立《老伴》诗云："老人须老伴，旧事可重论。今古不同调，后生难与言。"[5]从宋初到徽宗政和二年（1112 年），升朝官的妻子可获国夫人、郡夫人、郡君、县君四级封号，其母亲的封号则皆相应加上"太"字。政和三年（1113 年）起，改为夫人、淑人、硕人、令人、恭

1　《能改斋漫录》卷 2《妇女称姐》；《宝真斋法书赞》卷 18《陈忠肃书简帖》。

2　《梦粱录》卷 13《夜市》。

3　《夷坚三志壬》卷 9《霍秀才归土》；尤袤：《梁溪遗稿》补遗《淮民谣》。

4　林洪：《山家清供》。

5　《梅山续稿》卷 13。

人、宜人、安人、孺人共八等[1]。人们包括丈夫也可用这些封号来称受封的妇女。"县君"和"孺人"在宋代民间似乎成了官太太的同义词。丈夫对小妻的称呼，常因地而异。西北人称为"祗候人"或"左右人"，两浙人称为"贴身"或"横床"，江西和江东人称为"横门"[2]。

妇女常称丈夫为"郎"。高宗时，探花陈修年六十三，娶妻施氏年方二十三，有人戏为诗："新人若问郎年几，四十年前二十三。"[3]还常尊称成年男子为"郎君"，请安时含笑迎揖道："郎君万福。"[4]

第七，其他亲戚的称谓。宋代人们称父亲的哥哥为"伯伯"，称父亲的弟弟为"叔叔"；父亲的弟妻即叔母为"婶"，"婶"字是"世母字二合呼也"[5]。又称父亲的堂哥哥为"堂伯伯"，称父亲的姊妹为"姑姑"，称姑姑的丈夫为"姑夫"[6]。还称母亲的兄弟为"舅父"，称舅父之妻为"舅母"或"妗"。张耒《明道杂志》指出："经传中无……妗字，妗字乃舅母字二合呼也。"称母亲的姊妹为"姨"或"姨姨"，

1　《枫窗小牍》卷上。

2　《鸡肋编》卷下。

3　田汝成：《西湖游览志余》卷2《帝王都会》。

4　《夷坚支乙》卷4《衢州少妇》。

5　张耒：《明道杂志》。

6　《东轩笔录》卷15。

称姨的丈夫为"姨夫"。宗泽在家书中说："暑热计时奉姨姨太孺人安佳。"[1] 人们又称妻子的兄弟为"舅"或"舅子"，这是依随其子女的称谓。青州人韦高娶杨三娘子为妻，后来遇到杨签判宅的"二承务"，"视之，乃舅子也"。称妻子的姊妹为"姨"，常与对母亲的姊妹的称呼相混[2]。

女方称丈夫的兄妻为"母母"，或称"姆姆"。吕祖谦《紫微杂记》载："吕氏母母受婶房婢拜，婶见母母房婢拜，即答。"[3]

婚姻之家互称"亲家"，双方的男长辈称为"亲家公"或"亲家兄"，女长辈称为"亲家母"。这是承袭了唐代的习俗[4]。

3. 士大夫之间的通用称谓

宋代士大夫私交，常以"丈"字相称。在现存的宋代史籍中，士大夫之间往来的书信，往往互相称为"丈"。朱弁说："近岁之俗，不问行辈年齿，泛相称必曰'丈'。不知起自何人，而举世从之。至侪类相狎，则又冠以其姓，曰'某丈'、'某丈'，乃反近于轻侮也。"如有些文人

---

1 《宝真斋法书赞》卷22《宗忠简留守司二札》、《家书》、《吾友三帖》。

2 《夷坚志补》卷10《杨三娘子》；《吕氏杂说》卷上。

3 引自《称谓录》卷7；《梦梁录》卷20《育子》。

4 《野客丛书》卷29《续释常谈》；《宾退录》卷5。

称司马光为"司马十二丈",称苏轼为"东坡二丈"[1]。士大夫们普遍以别人称自己为"公",为敬重自己;反之,如别人称自己为"君",则认为"轻己"[2]。

宋代人们还喜欢用行第相称。所谓行第,就是今天的排行。行第有多种排列方法,明人顾炎武说:"兄弟二名而用其一字者,世谓之排行。如德宗、德文,义符、义真之类。起自晋末,汉人所未有也。"如起单名,即"以偏旁为排行"。这种办法与用"兄弟行次,称一为大"的做法,顾炎武说已"不知始自何时"。宋代的宗室仍然"依行第连名",规定不能使用单名,同一辈必须联同一个字如"士"字、"之"字之类。这是所谓双名行第法,其中同一辈的名字中必须一字相同。另一种是单名行第法,名字必须同一偏旁。第三种是按出生次序排列的行第法。如宗室赵德文,是赵廷美第八个儿子,其兄三人早死,依照活着的五兄弟的顺序,他为老五,因此真宗戏呼他为"五秀才",仁宗尊称他为"五相公"[3]。使用这种行第法时,往

---

1 《曲洧旧闻》卷10;毕沅:《续资治通鉴》卷79;黄庭坚:《豫章黄先生文集》卷26。

2 《鏖史》卷中《体分》。

3 《日知录集释》卷23《杂论·排行》;《宋会要》帝系5之23;《宋史》卷244《宗室一》。

往将同胞兄弟和姐妹一起按照出生的先后顺序排列。如岳州妇女甘氏的行第是百十，而其哥名"甘百九"[1]。第四种行第法是前面用百、千、兆等中的一个字序辈，下一字则按出生次序排列行第。现存的《宝祐四年（1256年）登科录》载有状元文天祥以下殿试中榜人名单，也记录了他们的行第。如文天祥为"第千一"（有弟一人，名天璧）、陈桂"第兆二"。又如王景傪"第小一"，有兄一人；傅一新"第大"，有弟一人。这种行第法较为复杂。宋代士大夫们以被人按行第称呼为荣。陆游说过："今吴人子弟稍长，便不欲人呼其小名，虽尊者亦行第呼之矣。"[2]这显然是唐代以来的一种新的风气。

4. 妇女的名讳

宋代普通的妇女不起正名，常常用姓氏加上一个"阿"字，便算她的正式名字。赵彦卫说："妇人无名，以姓加阿字。今之官府，妇人供状，皆云阿王、阿张。"在平时，妇女只是按照自己的行第组成名字，称为"某某娘子"。如果是未婚的闺女，则称"某某小娘子"。如孝宗时一名妇女姓张，排行第三，人们称之为"张三娘"[3]。再

---

1 《夷坚三志壬》卷10《邹九妻甘氏》。

2 《老学庵笔记》卷5。

3 《云麓漫钞》卷10；《夷坚支景》卷8《张三娘》。

如"史氏百九八娘"、"郑氏三十娘"、"张氏十一娘"、"孙四娘子"等。这一类妇女的姓名，在有关文献中俯拾即是。像李清照、朱淑真等有正名和字、号的妇女，在宋代只是为数不多的中上级官员的家属而已。宋代妇女经常自称"妾"。如一名娼女对秦观说："妾僻陋在此……"妇女又常常自称"奴"、"奴奴"或"奴家"。华岳《新市杂咏》十首之一云："试问行云何处觅？画桥东畔是奴家。"[1]《鬼董》也记载，一名少女自称"奴奴小孩儿，都不理会得"。朱翌认为，"今则'奴'为妇人之美称。贵近之家，其女其妇，则又自称曰奴"。他指出：妇女"一例称奴，起于近代"。朱翌还记载，两广的女子都自称"婢"，男子自称"奴"，与其他地区稍有不同。清代学者钱大昕经过研究，发现妇人自称为"奴"是从宋代开始的[2]。这一现象反映，从唐代到宋代，妇女的社会地位在逐步降低。

（二）辽代和金代

辽、金二代的官民称谓记载较少，没有像宋代那样比较丰富的内容。只能通过一鳞半爪的资料，了解其中的

---

1 《夷坚志补》卷2《义倡传》；华岳：《翠微南征录》卷10。
2 《猗觉寮杂记》卷下；《十驾斋养新录》卷19《妇女称奴》。

一二。

辽代民间称祖父为"耶耶",祖母为"娘娘"。《郑□造陀罗尼幢记》记载:"……妻董母奉为先祖耶耶、娘娘,独办杂宝藏荣孝经一藏……"《为亡父母造幢记》记载:"涞水县遵亭乡累子村李晟,并出家女法广等奉为先亡父母、耶耶、娘娘等,特建尊胜陀罗尼幢子一坐于此茔内……"又称伯父为"阿伯"或"伯伯",伯母称"伯娘"。《李从善造罗汉像记》中,提到"阿伯守宁,伯娘刘氏"[1]。

辽朝皇帝自称"朕",偶尔也对大臣自称"予"或"我"[2];尊称大臣为"卿"。官员尊称皇帝为"陛下",自称"臣"。被称为某国王或北院大王、南院大王者,人称"大王"。如耶律乙辛任北院枢密使,封魏王,其他官员称之为"大王"。皇室的公主,人们简称为"主"[3]。

金代至章宗明昌二年(1191年)正月,才允许宫中称皇帝为"圣主"。人们称女真宗室为"郎君"。熙宗时,忽睹"以后戚怙势赃污不法",留守中京,"选诸猛安富人子弟为扎野,规取财物,时号'闲郎君'"。官场中,下

1　《辽文汇》七;黄任恒编:《辽代金石录》三《石编》。

2　《辽史》卷100《耶律术者传》,卷102《萧奉先传》。

3　《辽史》卷110《耶律乙辛传》、《萧十三传》,卷79《室昉传》。

级官员对上级长官，自称"下官"[1]。

金代实行乡试、府试、省试（会试）、御试四级科举考试制度，凡乡试第一名称"解元"，省试第一名称"省元"或"会元"，御试第一名称"状元"[2]。有时，瞧不起某些士大夫，称之为"措大"。如章宗常对人说："措大辈止好议论人。"士大夫之间，尊称德高望重者为"丈"。如刘祁尊称翰林直学士王若虚为"王丈"[3]。

金代民间的称谓记载殊少，仅有个别例子，如称母亲之姊妹为"姨母"[4]。

1 《大金国志》卷39《初兴风土》;《金史》卷120《忽睹传》，卷128《张彀传》。
2 《金史》卷51《选举志一》;《拙轩集》卷1《题高解元所藏武元直山水》。
3 《归潜志》卷10，卷12《录崔立碑事》。
4 《遗山先生文集》卷12《姨母陇西君讳日作三首》。

第二章

避讳

在中国古代，人们不得直接书写或称呼帝王、圣贤和尊长之名，而必须采用其他方法加以回避。这种习俗称为"避讳"。凡与这些尊长之名相同的人、地、职官、书、物等名，都要回避。这种习俗开始于周代。到辽宋西夏金时期，随着社会的发展，出现了一些新的内容，而一些远见卓识的文人学者实际上反对这种习俗。

这一时期避讳的特点是一般只避尊长之名，不避其字、号或谥号。依照其内容，可分为官讳和私讳两大类。

一、官　讳

官讳又称国讳，包括四部分内容。第一，皇帝生前的"御名"（正名）、曾用名（旧讳），这些名死后成为"庙讳"。

辽朝统治者"起自朔漠，其始本无文字，无所谓避讳"。辽兴宗时，翰林都林牙兼修国史萧韩家奴上疏说：

太祖代遥辇即位后，"累圣相承，自夷离堇湖烈以下，大号不加，天皇帝之考夷离堇的鲁犹以名呼"。可见很长时间没有形成避讳的习俗。"既占河朔，始习汉文，兼用汉文名字。"受汉族风俗的影响，统治者逐渐也讲究起避讳了[1]。辽圣宗太平六年（1026 年）七月，宋朝委派韩亿为贺辽后生辰使，"诏亿名犯北朝讳，权改曰意"[2]。辽朝方面记载为"韩翼"[3]。太平十年（1030 年）正月，宋朝命张亿任贺契丹皇后正旦使，到达辽京，张亿也临时改名为"张易"[4]。这是为了避辽太祖阿保机的汉名"亿"。辽兴宗重熙元年（1032 年）十一月，宋朝派遣王德基为贺契丹国母生辰使，与正使刘随一起到辽京。王德基在《辽史》中被改为"王德本"。天祚帝耶律延禧在位时，追改辽兴宗的年号重熙为"重和"。因此，在辽天庆二年（1112 年）释迦、定光二佛的身舍利塔记，叙述重熙十五年（1046 年）铸铁塔事，为避天祚帝之讳改重熙为"重和"。这时，高丽国王王熙也为避天祚帝之讳改名为"颙"。此外，辽朝为避太宗耶律德光之讳，改官名光禄卿为"崇禄卿"；为

1　《辽史》卷 103《文学上·萧韩家奴传》；陈垣：《史讳举例》卷 8。
2　《长编》卷 104，天圣四年七月乙丑。
3　《长编》卷 109，天圣八年八月戊申；《辽史》卷 17《圣宗八》。
4　《长编》卷 110，天圣九年十月乙酉，卷 111，明道元年八月壬子。

避兴宗耶律宗真之讳，改女真为"女直"。"凡石刻遇光字皆缺画"[1]。

有关辽朝避讳的记载较少，也没有辽朝官讳的详细记载。以上说明辽朝官讳大致上是从辽圣宗开始实行的。有关人名、官称、族名、年号等，凡与官讳相碍，皆须改字。有时也用缺笔的办法。宋朝、高丽也尊重辽朝的习俗，主动更改自己使臣的名字甚至国王的名字。

宋朝官讳的资料极多，有关皇帝御名、曾用名和庙讳的记载更多。如宋孝宗淳熙十五年（1188 年），下诏将"文书式"和国子监现行《韵略》中所载高宗"御名"改为庙讳，由刑部和国子监负责改正。孝宗、光宗死后，其"御名"改为庙讳，也经历了类似的过程。宋朝回避皇帝旧讳，始于真宗大中祥符二年（1009 年）。是年，规定中外文字有与太宗旧讳"光义"二字相连及音同者，并令回避。到仁宗宝元元年（1038 年），翰林侍读学士李俶建议"毋得连用真宗旧名"。英宗治平元年（1064 年）十一月，翰林学士贾黯奏请"毋得连用仁宗旧名""受益"二字。自此，禁止连用皇帝的旧讳二字，遂"著之文书令，为不刊之典"[2]。

---

1 《史讳举例》卷 3，卷 7；《宋史》卷 487《外国三·高丽》。
2 《宋会要》仪制 13 之 17—18；岳珂：《愧郯录》卷 2《旧讳训名》。

金朝最初与辽朝一样，统治者并不讲究避讳。金熙宗完颜亶即位后，逐渐受辽、宋习俗的熏染，开始避讳。官讳中也有御名和庙讳之分。天会十四年（1136年），伪齐奏申请求"降下御名音切及同音字号，下礼部检讨开具申覆施行"。显然，这是为回避金熙宗"御名"作好准备。皇统三年（1143年），学士院"看详"高丽国的贺表内"犯太庙讳同音"，究其原因，是"原初不经开牒，至有犯讳"。现今应该"全录庙讳、御名及同音字号"，"分朗（按：'朗'字疑避金太祖汉名'旻'字的嫌音'明'字改）开牒施行"。尚书省"商量"："拟与宋国一就开坐牒报"。熙宗"准奏"。世宗大定元年（1161年），"御前批送下御名、庙讳"。次年，朝廷"奏定御名、庙讳……回避字样，合遍下随处外，御名、庙讳报谕外方"。大定九年（1169年），朝廷奏申"今御名同音，已经颁降回避外，有不系同音相类字，盖是讹误犯，止合省谕各从正音。余救切二十八字，系正字同音，合回避；尤救切十六字，不系同音，不合回避"。世宗"敕旨准奏"[1]。这说明金朝的官讳也包括御名及其同音字和庙讳。

金章宗泰和元年（1201年），下令"官司、私文字避

---

1 《大金集礼》卷23《御名》。

始祖以下庙讳小字，犯者论如律"。据《金史·世纪》，金太祖前，从始祖（名函普）、德帝（名乌鲁）、安帝（名跋海）、献祖（名绥可）、昭祖（名石鲁）、景祖（名乌可迺）、世祖（名劾里钵）、肃宗（名颇剌淑）、穆宗（名盈歌）至康宗（名乌雅束）共八代十位祖宗。金熙宗时规定始祖、景祖、世祖庙"世世不祧"。这样，庙讳有增无减。泰和元年（1201 年），还首次规定庙讳的同音字也在禁用之列。金章宗曾经问尚书右丞孙即康和参知政事贾铉："太宗（按名晟）庙讳同音字，有读作'成'字者，既非同音，便不当缺笔画。睿宗（按：名宗辅，死后改名宗尧）庙讳改作'崇'字，其下却有本字全体，不若将'示'字依《兰亭帖》写作'朩'字。显宗（按名允恭）庙讳'允'，'充'字合缺点画，如'统'傍之'充'似不合缺。"孙即康答道："唐太宗讳世民，偏傍犯如'葉'字写作'菜'字，'泯'字作'汦'字。"睿宗庙讳上字从"朩"，下字从"垚"；世宗（按名雍）庙讳从"系"。显宗的庙讳"如正犯字形，止书斜画，'沇'字、'鈗'字各从'口'，'兑'、'悦'之类各从本体"。章宗赞同，"自此不胜曲避矣"[1]。按此规定，所要回避的字扩大到同形字。

1 《金史》卷 1《世纪赞》，卷 11《章宗三》，卷 99《孙即康传》。

西夏统治者也讲究回避御名、庙讳。如李彝兴原名彝殷，因避宋宣祖讳，改"殷"为"兴"。李彝兴之子克睿原名光睿，避宋太宗讳，改"光"为"克"。同时，西夏统治者自己的名字以及已故父亲的名字也要求国内或邻国回避[1]。

第二，有些皇帝的生父和宋太祖、太宗的几代祖先之名，也列入庙讳。前者如英宗生父赵允让（淮安懿王）、孝宗生父赵偁，后者如宋太祖、太宗之父赵弘殷（宣祖）、祖赵敬（翼祖）、曾祖赵珽、高祖赵朓、远祖轩辕、始祖（圣祖）玄朗。这部分官讳有些是可变的。如哲宗初年，决定将翼祖皇帝赵敬的神主改迁夹室，按礼部例，其名不再回避，即不入官讳之列。当时称"祧迁"或"祧庙"。徽宗崇宁四年（1105 年），又认为翼祖不应"祧迁"，乃归还本室，其名讳添入《集韵》。高宗绍兴三十二年（1162 年），因为把钦宗的神主祔庙，翼祖夫妇的神主再次"祧庙"，规定从此其名"依礼不讳"。但光宗时规定，今后"臣庶命名，并不许犯祧庙正讳。如名字见有犯祧庙正讳者，并合改易"[2]。

---

1 《宋史》卷 485《外国一·夏国上》。

2 《宋会要》仪制 13 之 14—18。

金朝有些皇帝的生父之名，依仿宋朝习俗，列入庙讳。如世宗之生父睿宗名宗尧，章宗之生父显宗名允恭，皆在庙讳之列。如大宗正府，至章宗泰和六年（1206年），因避睿宗讳，改称大睦亲府；判大宗正事改称判大睦亲事。完颜思恭因避显宗讳，改为思敬[1]。

西夏国主元昊之父名德明，元昊下令在自己境内称宋年号明道为"显道"。宋朝官员范仲淹致书元昊，称后唐明宗为"显宗"，也是为避元昊之父名讳[2]。

第三，皇太子、亲王以及皇后之父等名讳。如宋仁宗即位前任寿春郡王时名"受益"，供奉官赵承益请避其讳，改名"承炳"。仁宗初年，刘太后执政，其父刘通追封彭城郡王，"通"字也定为官讳。但刘太后死后，又复其旧即不再避刘通之名。哲宗即位初，英宗高皇后改为太皇太后，朝廷下诏全国回避太后之父高遵甫名下一字。这时，文及甫给人写信，省去"甫"字，只称"及启"、"及再拜居易少卿兄"等[3]。

1　《金史》卷55《百官志一》，卷70《思敬传》。

2　《宋史》卷485《外国一·夏国上》；范仲淹：《范文正公集》卷9《答赵元昊书》。

3　《宋史》卷242《后妃上》；《齐东野语》卷4《避讳》；《长编》卷353；《宝真斋法书赞》卷18《文周翰盛暑帖》。

金朝海陵王在天德四年（1152 年）立子光英为皇子，于是改鹰坊为驯鸷坊，改英国为寿国，应国为杞国。宋高宗绍兴二十八年（1158 年），为避光英讳，改光州为蒋州，光山县为期思县。海陵王被诛后，即复旧名[1]。

第四，有些皇后的名讳。金世宗大定元年（1161 年）十一月，"御前批送下"钦慈皇后（世宗父之原妻，姓蒲察）、贞懿皇后（世宗的生母，姓李）的名讳，列入庙讳[2]。

宋代的庙讳，据洪迈《容斋三笔》卷 11《帝王讳名》，这时共有 50 个字。具体的回避方法，有改字、改音、缺笔、空字、用黄纸覆盖等。

第一，改字。改动范围极广，包括人的姓名以及官曹、官称、官阶、地、书、衣冠等名。凡遇需要回避的字，就改用同音字或同义字。关于改姓氏：宋真宗时规定，应回避"圣祖"等名讳，凡姓玄武氏者皆改姓"都氏"；姓敬氏者，皆析为文氏和苟氏，变成两姓。徽宗时，还命官府审定姓氏"犯祖宗庙讳者，随文更易"。宋朝还规定回避"宣祖"赵弘殷的名讳，凡殷字都改为商或汤。

---

1 《金史》卷 5《海陵》；《宋史》卷 88《地理志四》。
2 《大金集礼》卷 23《御名》。

金世宗时，为避其父宗尧之名，下令改宗氏为姬氏[1]。章宗时，尹安石为避章宗生父允恭名讳，改姓师氏[2]。关于改人名：宋徽宗时，承直郎宋敬为避翼祖之名，改名"竞"。仁宗初年，命杨大雅任知制诰。大雅原名"侃"，因犯真宗旧讳"元侃"，下诏改名[3]。金章宗时，张燠因避章宗（名璟）嫌名，改为张炜。卫绍王原名允济，因避显宗名讳，改名永济[4]。关于改官曹名：宋仁宗初年，为避刘通讳，改通进银台司为"承进银台司"。金海陵王时，为避太子光英讳，改鹰坊为驯鸷坊。关于改官称：仁宗初年，为避刘通讳，改通判为"同判"，通事舍人为"宣事舍人"。关于改官阶名：为避刘通讳，又改通奉大夫为"中奉大夫"、通直郎为"同直郎"[5]。又为避"支"字，改观察支使为"观察推官"[6]。关于改地名：宋真宗时，为避"圣祖"讳，改朗州为鼎州，蔡州郎山县为确山县，梓州玄武县为中江县。仁宗初年，为避刘通讳，还改通利军为"安利军"，通州为"崇州"，大通监为"交城监"。金世宗时，

1　《挥塵录》前录卷3；《萍洲可谈》卷1；《大金集礼》卷23《御名》。

2　《金史》卷108《师安石传》。

3　《宋会要》仪制13之15；《愧郯录》卷2《旧讳训名》。

4　《金史》卷100《张炜传》，卷13《卫绍王》。

5　《宋会要》仪制13之12、13。

6　张孝祥：《于湖居士文集》卷15《讳说》。

为避御名"雍",改雍丘县为杞县。章宗时,为避睿宗讳,改宗州为瑞州,宗安县为瑞安县。关于改衣冠名:宋仁宗初年,因避刘通讳,改通天冠为"承天冠"。关于改殿名:真宗时,诏改含光殿为会庆殿,原因是"光"乃太宗旧名的上一个字[1]。关于改物名:山药原为薯药,宋英宗即位后,为避御讳"曙",遂称山药。关于改文书等名:宋孝宗时,为避御名"眘"的嫌音"申"字,凡"状申"都变成"状呈",时间的申时改成"衙时"[2]。一时还将公文用语"申复"改为"中复"。

第二,改音。即改读。宋高宗初年,采用改读法以避讳。规定对钦宗之名"桓","各以其义类求之"读音。以威武为义者读作"威",以回旋为义者读作"旋",以植立为义者读作"植"[3]。

第三,空字。凡遇官讳,如难以用他字代替,便将该字空缺。宋孝宗亲撰古体诗两首,其中一首云:"志士惜日短,愁人知夜长。摄衣步前庭,仰观南雁翔。□景随形运,流响归空房。"岳珂指出其中缺少一字,"盖避庙讳,

1 《四朝闻见录》戊集《韩佗胄》;《金史》卷25《地理志中》,卷24《地理志上》;《愧郯录》卷2《旧讳训名》。
2 顾文荐:《负暄杂录》;《于湖居士文集·讳说》。
3 《宋史》卷108《礼志十一》。

所以尊祖也"[1]。

　　第四，缺笔。又称"空点画"。唐代以前，避讳多用改字法；唐代以后，兼用改字、缺笔二法。缺笔法是在应回避而难以回避的情况下，可用缺笔的方法，少写最后一画。如《贡举条式》中《淳熙重修文书式》规定，庙讳皆写成玄（玄）、朗（朗）、匡（匡）、胤（胤）、昑（炅）、恒（恒）、祯（祯）等。

　　第五，用黄纸覆盖。宋代官讳增多，遇难以回避的常用字，不得已则可用黄纸覆盖[2]。

　　对于庙讳，宋朝规定不仅要回避其单名和双名的正讳，还要回避其嫌名（指正名的同音字）。皇帝的双名旧讳，可以不回避其中一字，但二字连用则为犯讳；单名的旧讳，则必须回避。哲宗初年，一度允许庙讳的嫌名可以依例不讳，但进呈文字仍应用黄纸覆盖[3]。

　　宋朝还把一些字定为官讳。徽宗宣和初年，根据户部勾当公事李宽奏请，凡以"圣"字为名者，皆予禁止。给事中赵野又提议世俗以君、王、圣三字取名者，应全部"革而正之"，而仍有以天为称者，也拟禁止。此后，又有

1　《宝真斋法书赞》卷3《历代帝王帖》。

2　《宋会要》仪制13之12。

3　《宋会要》仪制13之12、19。

人提出龙、皇、主、玉字也应遏禁。于是这八个字成为官讳的一部分。此外，还曾规定回避万、载等字。当时，据此将龙州改名政州，青龙镇改名通惠镇。到高宗初年，朝廷才将一批地名恢复旧称[1]。

金朝也将一些字定为官讳。如章宗明昌二年（1191年），下令"禁称本朝人及本朝言语为'蕃'者，违者杖之"。次年，还下诏规定"凡臣庶名犯古帝王而姓复同者禁之，周公、孔子之名亦令回避"[2]。禁止官员和百姓与古代帝王同姓并同名，同时又将周公和孔子之名列入官讳。

二、私　讳

私讳又称家讳。宋太宗雍熙二年（985年）下诏，官员三代的名讳只可行于自家，州县长官不准命人将家讳在客位榜列出；新授的职官，除三省、御史台五品，文班四品、武班三品以上，允许按"式"奏改，其余不在请改

---

1 《中吴纪闻》卷5《易承天为能仁寺》；《要录》卷43。
2 《金史》卷9《章宗一》。

之列。同时，律文又规定，"诸府号、官称犯祖父名，冒
荣居之者，徒一年"。"诸上书若奏事，犯祖庙讳者，杖
八十；若嫌名及二名偏犯者，不坐。"[1] 此后，直到仁宗嘉
祐六年（1061 年）五月前，尚未确立一个严密的制度，
有时某一小官要求避家讳而获准改换差遣或官阶，而高官
却不获允许；有时虽然二名为嫌名而准许回避，正犯单讳
却不予批准。王栐觉得雍熙二年诏书与律文的规定相反，
可能是"此诏既行之后，人无兼耻，习以成风，故又从而
禁之耶？这时，"前后许与不许，系于临时"，说明尚未
"稽详礼律，立为永制"。于是在嘉祐六年（1061 年）根
据知审官院贾黯的建议："父祖之名为子孙者所不忍道，
不系官品之高下，并听回避"，下诏："凡府号、官称犯父
祖名，而非嫌名及二名者，不以官品高下，并听回避。"[2]
说明从这时开始正式规定，凡官员所授官职，遇府号或官
称违犯父、祖正名时，不论官品高下，都准回避；如果只
犯嫌名或双名中一字，仍旧不讳。神宗、徽宗时，一度不
准官员为避私讳而改官称。理宗时人赵升说，当时"授职
任而犯三代名讳者"，准许回避；如"二名偏犯"，则不准

1　《宋会要》仪制 13 之 19、20；《愧郯录》卷 10《李文简奏稿》；《长编》
　　卷 193。
2　《燕翼诒谋录》卷 4《禁士大夫避讳》；《长编》卷 193。

回避[1]。

官员在接受差遣、升迁官阶等时，回避家讳的方法很多，有改地、改授差遣、换官、改职、改官称、沿用旧衔、不系衔内等十多种。

第一，改地。即改换所授差遣的地点。马骐任权发遣衡州，因本州安仁县名犯其父讳，改差主管台州崇道观。

第二，改授差遣和换官。新除起居舍人罗点，因"起"字犯曾祖名，改除太常少卿。张子夔任太常寺奉礼郎，因父名宗礼改授太祝[2]。

第三，改授次等阶官。宋朝"著令"，凡官员经过磨勘（考核），其升迁的阶官官称如与三代名讳相犯，允许自陈，授给次等阶官，称为"寄理"，系衔时放在官称之首。

第四，改职。即改换所授职名。徐处仁任资政殿学士，因避其祖讳，改授端明殿学士。

第五，改官称和官衙名。宋太祖初年，侍卫帅慕容延钊和枢密使吴廷祚都因其父、祖讳章或璋，原应在拜使相时带"平章事"，乃改称同中书门下二品。宋代在京师设

---

1 《朝野类要》卷 4《杂制》。
2 《宋会要》仪制 13 之 24—26。

平准务，蔡京以其与父名准相违，改称平货务[1]。

第六，仍用旧衔。梁克家连升三阶为左银青光禄大夫，因"光"字为其父名，乃仍用旧官系衔。

第七，不系官衔内。施师点迁官，应加食实封，因"实"字犯父名，命其免予系衔。

第八，减去差遣名称中某字或暂不迁官。张俊授枢密使，因其父名密，改称"枢使"。太府寺丞楼钥原应迁太常博士，但"常"字犯其祖讳，申请回避，朝廷命其暂任旧职[2]。

第九，改文书用语。寇準作相，各司公文用语都改"準"为"准"。王安石撰《字说》，不收"益"字，原因是其父名益[3]。同时，益字也是仁宗的旧讳之一，也应回避。

第十，改人名。司马光担任宰相期间，韩维（字持国）为门下侍郎。两人"旧交相厚"，司马光为了避自己父亲之讳，常常称韩维为"秉国"，而不称"持国"[4]。

第十一，其他更改。蔡京任相，凡来往公文皆避京字，还改京东、京西为畿左、畿右。秦桧妻子名山，乃改

1　《愧郯录》卷3《阶官避家讳》，卷10《同二品》；《宋会要》仪制13之26；《朝野类要·杂制》；《石林燕语》卷4。

2　《宋会要》仪制13之26、27。

3　《古今合璧事类备要》续集卷3《姓名门·讳忌》；梁绍壬：《两般秋雨庵随笔》卷5《避讳》；《老学庵笔记》卷6。

4　《挥麈后录》卷6。

山称"岩"。哲宗时章惇为相，安惇任从官，安惇见章惇，必称己名为"享"[1]。更多的士大夫则在日常应酬和著作中，不直接称呼父祖的名字，而用父祖的最高官位的简称来代替；或者不提父祖之名，注明该字"从某从某"。如岳珂称其父岳霖为"银青"，原因是岳霖的官阶最高至银青光禄大夫。如杨万里在给人的信中提到"故人南丰宰陈通直"，为避这位通直郎"陈苪"之名，而在下面注明"名与先人同，从艹从市"[2]。

对于私讳，宋朝按照比官讳略为放宽的原则，允许"二名不偏讳"和不避嫌名。但也有"出于一时恩旨免避，或旋为改更者"。如赵洙以国子司业为宗正少卿，洙父名汉卿，御史认为这是"冒宠授官"，准备纠劾。幸而执政者提出异议，理由是"礼文"有"不偏讳"的规定，才免被劾。寇准新授襄州刺史、山南东道节度使，自言父名"湘"，与州名音同，要求"守旧镇"。宰相认为，湘与襄为嫌名，可以不避。孝宗时还下令，"诸府号、官称犯父祖兼（嫌）名及二名偏犯者，皆不避讳"[3]。这一规定成为

---

1 《齐东野语》卷4《避讳》；《于湖居士文集·讳说》；李世熊：《宁化县志》卷2《土产志》。
2 《宝真斋法书赞》卷28《银青制札帖》；《诚斋集》卷110《与俞运使》。
3 洪迈：《容斋五笔》卷3《士大夫避父祖讳》；《宋会要》仪制13之29、30。

当时的"常行之法"。岳珂指出，官员"避家讳者不避嫌名，虽著于令，初无官曹、官称之别"。他解释，比如中书舍人，中书是曹司，不是官称，而舍人是官称[1]。

三、避讳的弊病

这一时期避讳的风尚带来了一些弊病。宋、金朝廷礼官为维护皇权的威严，"每欲其多庙讳"。随着各朝皇帝的替代，庙讳陆续增添，而且在实行时，连一些形似的字也列入回避之列。如宋真宗名恒，从心从亘，音胡登切；缺其一画则为恒，音威。于是连恒也不敢用，而改用"常"字。在日常生活中，使人们感到"不胜曲避"，动辄有触犯庙讳的危险。

许多庙讳加上其嫌音，士人在参加各级科举考试时最易违犯，一旦不慎，便名落孙山。为此，在举行考试时，贡院都"晓示试人宗庙名讳久例全书"，张挂在墙壁或铺陈在道路上。但是，每次考试总不免有一些人因"用庙讳、御名"，违犯"不考式"而遭黜落。

1　《容斋三笔》卷 11《家讳中字》;《愧郯录》卷 15《官称不避曹司》。

宋孝宗时,宫中将旧版《文苑英华》交给宦官校雠,"改易国讳"。如押"殷"字韵诗,因冒犯"宣祖"赵弘殷之讳,乃改殷为商,于是将一诗之韵全令协"商"字。宦官召募"后生举子"为门客,他们"竞以能改避为功"。这时只有大臣周必大觉得这种做法"尽坏旧本,其甚害理者","殊可痛惋",决定自校一本藏于家[1]。乱改古书,必然造成混乱。有些文学作品,因为避讳,被改得面目全非。如苏轼《念奴娇·赤壁怀古》词,原作"乱石崩空",为了避"崩"字,改成"乱石穿空"。又如秦观《踏莎行》词,原有"杜鹃声里斜阳树"一句,因为讳英宗"曙"字,不得不改为"杜鹃声里斜阳暮","遂不成文"[2]。

官员们还利用家讳抬高自己的身份和欺压下属。资政殿学士黄中之子任临安府通判,其官阶仅中散大夫或中大夫,借口避父讳,命合府称其为"通议"即通议大夫,比原有官阶高了好几阶,而"受之自如"。李清臣之父名不陋,派客吏修理屋漏,呼而问之,客吏答道:"今次修了不漏。"李不陋大怒,立即严惩客吏。赵方在楚州,问一娼妓从何而来,对方答道:"因求一碗饭,方到此。"赵方

---

1 《宋会要》选举4之8、3之26;项安世:《项氏家说》卷8《文苑英华》。
2 《项氏家说》卷8《因讳改字》。

怒其言及自己和父亲之名，将对方处死。陈卓知宁国府，一名司法参军初次参见，陈问其何往，答道："在安仁县寓居。"陈转身入内，在家庙内边哭边诉说："属吏辄称先世之名。"司法见状，手足无措，很快寻医而去[1]。仁宗至和（1054—1056 年）年间，田登知应天府，自讳其名，触犯者必生气，吏卒多被榜笞，于是全府皆讳灯为"火"。上元节（正月十五日）点灯，依例准许百姓入州治游赏，吏人写榜张贴于闹市云："本州依例放火三日。"从此，留下了"只许州官放火，不许百姓点灯"的笑柄。还有朝官蔡昂，为诌媚蔡京，称蔡为父，全家不准犯"京"字，亲属犯者训斥，奴婢犯者捶笞，宾客犯者罚酒，自己违犯则自打耳光[2]。这些带有故事性的记载，极为可笑，但在当时人们习以为常，鲜以为怪。

四、避讳的怀疑者和反对者

宋代士大夫大都看重避讳，把它当作天经地义之事。

---

1 《容斋三笔》卷 1《家讳中字》；张端义：《贵耳集》卷中。
2 《鸡肋编》卷中；《老学庵笔记》卷 5；《两般秋雨庵随笔》卷 6《讳》。

但也有一些士大夫对此提出异议，甚至自己不讲家讳。

首先是有些思想家对某些庙讳提出怀疑，认为大可不必。宋仁宗时，胡瑗为皇帝讲解《乾卦》，谈到元、亨、利、贞，其中贞字犯御讳，仁宗"为动色"。胡瑗不慌不忙地说："临文不讳。"程颐为哲宗讲课，言及"南容三复白圭"，内侍提醒他："容字，上旧名也。"程颐不听。讲毕，对哲宗说："昔仁宗时，宫嫔谓正月为初月，饼之蒸者为炊，天下以为非。嫌名、旧名，请勿讳。"公然向皇帝提出不要回避御讳的嫌名和旧名。朱熹认为，真宗时王钦若之流论证"圣祖"之名为"玄朗"，但"这也无考竟处"。"某常疑本朝讳得那旧讳无谓。且如宣帝旧名病已，何曾讳？平帝旧名亦不曾讳"。他赞成当时朝廷"祧了几个祖讳"，但圣祖玄朗依然不祧，"那圣祖莫较远似宣祖些么"[1]！

其次是有些官员反对实行家讳。北宋时，大臣杜衍不赞成官员们自定家讳，他说："父母之名，耳可得而闻，口不得而言，则所讳在我而已，他人何预焉。"知并州的第三天，孔目官来请家讳，他说："下官无所讳，惟讳取枉法赃。"孔目官"悚然而退"。包拯知开封府，上任之

---

1 《齐东野语》卷4《避讳》；《朱子语类》卷128《本朝二·法制》。

日，吏人也来请家讳。包拯瞋目而视说："吾无所讳，惟讳吏之有赃污者。"南宋时，张孝祥还撰《讳说》篇，说："避讳一事，始闻而笑，中闻而疑，终之不能自决。"他主张"二名不偏讳，卒哭乃讳，礼也。私讳不及吏民，不讳嫌名，律也"。即官员生前不应自讳，只有皇帝之讳通行天下。马光祖知临安府，莅政之初，吏人具牒请家讳，马光祖批曰："祖无讳，光祖亦无讳，所讳者强盗、奸吏。"[1]有些官员任官不避家讳。如富弼之父名言，富弼照样充任右正言、知制诰；韩保枢之子韩亿和孙韩绛、韩缜，都历官枢密院，未曾回避[2]。

再其次是还有一些士大夫赞成实行家讳，但不赞成以家讳强加于人。宋理宗时，张端义说："近年以来，士大夫之避讳，自避于家则可，临官因致人罪则未可。"他列举许多事例，说明当时"习尚如此"，只是"未能各家自刊《礼部韵略》耳"[3]！在避讳风尚炽盛的状况下，这或许是一种较为切合实际的主张。

1 《古今合璧事类备要》续集卷3《讳忌》；《于湖居士文集》卷15《讳说》；《稗史·志政》。
2 《容斋五笔》卷3《士大夫避父祖讳》。
3 《贵耳集》卷中。

第三章

押

字

押字，又称花押或签押、押花字、画押、批押，是辽宋夏金时期人们按照各自的爱好，在有关文书或物品上，使用的一种特定的符号，以代表本人，便于验证。押字与签名、签字不同，签名是用楷书或草书写上本人的姓名，容易认出；押字则用笔写或画出某一符号，一般不是该人姓名的工整汉字，不易辨别。

一、押字的起源

押字起源甚早，大致从战国开始，经魏晋南北朝到唐代逐渐流行。

唐末五代时，藩镇擅权，他们的署名"极有奇怪者"，"跋扈之徒，事事放恣"。此后，人们互相仿效，"率以为常"，更有"不取其名"而"出于机巧心法者"[1]。岳飞之孙

1　《萍洲可谈》卷1；《事物纪原》卷2《花押》。

岳珂曾见到五代后唐庄宗时宰相豆卢革的《田园帖真迹》
一卷，帖中署名不像"革"字，认为是"五代花书体"。
岳珂还见到《吴越三王判牍帖》，其中有吴越国王钱镠亲
书的押字[1]。

二、"御　押"

　　辽宋夏金时期，除辽和夏因资料缺乏、情况不明外，
宋和金朝从统治者到官员、平民都使用押字。

　　宋朝十五个皇帝，从宋太祖到度宗，每人都有"御
押"。除真宗、神宗、光宗的"御押"纯系画圈外，其他
十二个皇帝均押一个特殊的符号。南宋末年人周密《癸辛
杂识》别集卷下《宋十五朝御押》(学津讨原本)条，记
载这十五个皇帝的"御押"样式如下：

宋太祖		宋太祖原押	
宋太宗		宋太宗原押	
宋真宗		宋仁宗	
宋英宗		宋神宗	

---

1 《宝真斋法书赞》卷8《唐摹杂帖》。

宋哲宗	𠆤	宋徽宗	𠀇
宋钦宗	𠃜		
宋高宗	𠁣	宋孝宗	𡭤
宋光宗	◯	宋宁宗	百
宋理宗	𡇦	宋度宗	◯

可能因为辗转传刻的误差，这些押字与杭州凤凰岭玉皇宫石刻所存宋太祖、太宗、真宗"御押"不尽相同。笔者以为玉皇宫的石刻更为可信。

据现今传世的徽宗绘画和高宗手书墨迹，可知徽宗和高宗的"御押"与《癸辛杂识》也不太相同。如徽宗在所绘《竹禽图》卷上押字作𠆤（图一），在所绘《听琴

图一　北宋赵佶《竹禽图》　大都会艺术博物馆藏

图轴》上押字作（图二），[1] 在唐代韩干所绘《牧马图》作"丁亥御笔"（图三），在（传）唐代韩滉所绘《文苑图》作"丁亥御札"（图四），他又在所绘《腊梅双禽图》（图五）和《梅花绣眼图》（图六）作和[2]。丁亥即大观元年（1107年）。可见至少在大观元年宋徽宗使用以上样式的押字，这与《癸辛杂识》所载有些差别。元代贾文彦《图绘宝鉴》卷3认为，宋徽宗在"画后押字用'天水'"。现代有的学者认为，宋徽宗的这个"别致的'花书'签押，却是由四字联缀的'天下一人'所组成"[3]。

　　宋高宗的御押，据现今传世的《赐岳飞手敕》，可知是这样的：（图七）。绍兴三年（1133年）由日本僧人带回日本的宋高宗墨迹上，高宗的御押作[4]。这两个押字与《癸辛杂识》有些相似，但又有不同。由此可见，《癸辛杂识》所记宋代十五个皇帝的"御押"，由于转辗翻刻，只是基本形似。

1 （美）高居翰：《中国绘画史》，第68页；《中国历代绘画（故宫藏画集Ⅱ）》，第92页。
2 《文物与天地》1983年第5期、第2期封底彩图；《两宋名画册》。
3 华叶：《"花押"考趣》，《中国文物报》1995年3月5日，第4版。
4 谭旦同主编：《中华艺术史纲》下册；王德毅编：《中国历史图说》第8册，第73页。

吟微調商竈下桐
松間疑有入松風
仰窺低審含情客
以聽無絃一弄中
　　臣京謹題

聽琴圖

图二　北宋赵佶《听琴图》　故宫博物院藏

左一：图三　唐韩幹《牧马图》中的徽宗"御押"　台北"故宫博物院"藏
左二：图四　（传）唐韩滉《文苑图》中的徽宗"御押"　故宫博物院藏
左三：图五　北宋赵佶《腊梅双禽图》中的徽宗"御押"　四川博物院藏
左四：图六　北宋赵佶《梅花绣眼图》中的徽宗"御押"　故宫博物院藏

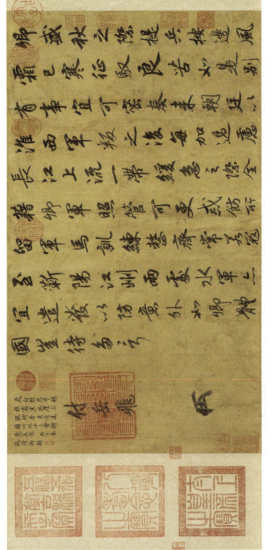

图七 南宋赵构《宋高宗赐岳飞手敕》 台北"故宫博物院"藏

此外，宋朝皇帝为图方便，专门刻制"押字印宝"，以便随手加盖，免去书写的麻烦。如仁宗在所绘《御马》图上，除题写时间外，还盖有"押字印宝"[1]。

金代皇帝也仿照宋朝习俗使用押字。据岳珂记载，在金朝军队使用的金、银牌上，有像篆字一样的字六七个，"或云阿骨打花押也"。金章宗还专刻一枚押字印章：花[2]。

三、官员的押字

宋代官员经常使用押字。神宗、哲宗时大臣司马光的押字是这样的：历。这一押字见于司马光的《宁州帖》，帖上的司马光花押与他的"光"字似若相像而又不像（图八）。王安石的押字则用"石"字。据叶梦得说，王安石的押字，"初横一划，左引脚，中为一圈"。因为他为人性急，画圈都不圆，往往窝匾而收，横划又多带过。外人还误以为他押了"歹"字。王安石知道后，特意作圈，尽量

1　郭思：《纪艺》。
2　《愧郯录》卷12《金银牌》；赵振绩编：《中国历史图说》第9册，第126页。

上：图八　北宋司马光《宁州帖》 上海博物馆藏

下：图九　北宋李建中《谘送土母帖》 台北"故宫博物院"藏

画得圆一些[1]。李建中在写《诹送土母帖》时也在帖后押书作款：𪜇，与他的名字完全不同[2]（图九）。这一押字很像简写的"亚"字。

可以说，从北宋初年开始，在很长时间内，官员们在经由朝廷进呈皇帝的文书上，"往往只押而不书名"。如在宋太祖"御批"过的文书中，有一卷为侍卫亲军都指挥使党进在开宝四年（971年）的请给旗号文书，"枢密院官只押字，而不签名"。这种情况到孝宗乾道（1165—1173年）、淳熙（1174—1189年）间大致相沿如旧。朱熹在浙东路任官时，吏人请他在安抚司的牒文上署名并押字。后来在处理绍兴府的牒文时，吏人要求他签名，他只给押字。士大夫们在书写简帖时，只在前面书名，后面也用押字，像司马光、李建中那样。甚至在名刺（类似现代的名片）上，前面写"姓某，起居"，"其后也是押字"。大约从光宗朝开始，士大夫不再全用押字来代替自己的名字[3]。

---

1 《文物》1966年第2期，图版四；《石林燕语》卷4。

2 《中华艺术史纲》下册，图版292之上。

3 周密：《云烟过眼录》卷上；《癸辛杂识》后集《押字不书名》。

四、押字的广泛应用

宋、金两朝押字的应用范围极为广泛。

第一，官员们在公文结尾，除正楷书名外，还要花押；如仅有名而无押字，公文便不能生效。反之，只押字而不书名，也完全有效。周密曾见到宋太祖和太宗时"朝廷进呈"的"文字"，如开宝四年（971年）九月侍卫亲军都指挥使党进"请给旗号，枢密院官只押字，而不签名"。其他一些"御批"文书也如此，官员们"往往只押字而不书名"。周密开始还怀疑这些公文是"检、底"（三司的文稿称"检"，枢密院的文稿称"底"），而文件最后竟有"御书批"，觉得"殊不可晓"。后来见到前辈记载说，乾道、淳熙间"礼部有申秘书省状，押字而不书名者"[1]。高宗时，眉州都监邓安民蒙冤死于狱中。据洪迈说，邓安民死后，带着文书找到原眉州知州邵博，要求邵博在牍尾"书名"作证。后来，邓又找邵说："有名无押字，不可用。"于是邵又"花书之"，邵才离去。虽然这是一则

1　《癸辛杂识》后集《押字不书名》；《云烟过眼录》卷上。

带有迷信成分的故事，但反映了当时社会上人们对于押字的重视。

官员们在官署中办理政事，各人"分以文字书押，或以日，或以长贰，分而判押"，称为"轮笔"[1]。"轮笔"者要在公文上写明处理意见，最后签上自己的押字。在官府的公文末尾，官员们按照官位的高低排列名次，官位越高，越排在后面署名花押。至于官位最高的宰相和执政官，在要求皇帝审批的公文之后签署，一般只写"臣"而不列姓氏，而且只花押，不写名字。仁宗前期，钱惟演从枢密使任使相，他恨自己不能成为真宰相，常叹息说："使我得于黄纸尽处押一个字，足矣！"但他始终没有达到此位，实现夙愿。哲宗时，宰相苏颂喜欢在文书最后押花字。有一次，一位比他官位更高的官员在他之后押字，把他所押花字排在前面，他便"终身悔其初无思量"，不该"押花字在下"[2]。

在这种用黄纸书写的重要公文上，庶官即一般官员没有资格"押黄"，而只能押在黄纸的背面。地方上也规定，凡官府"应行文字"，由长官"签押，用印圆备，方得发

1　《夷坚甲志》卷20《邓安民狱》；《朝野类要》卷5《余纪》。
2　《东轩笔录》卷2；《朱子语类》卷116《朱子十三·训门人四》。

出"[1]。这表明押字在当时人们心目中的重要地位。

宋代法律还规定,凡官员处理公事"失错","其主典应同坐。虽系书而不押字,或托故避免而不系书者,皆论如法"[2]。尽管有的官员在公文上只是"系书而不押字",或者"托故""不系书",如果出现失误,照样要追究罪责。

今存宋高宗建炎二年(1128年)河东路抗金义军的五份文件中,有四份都有一个官员的押字。1966年初,山西灵石县农民在山间石缝中发现一只铜罐,内藏五份白麻纸文书。第一份是鄜延路经略安抚使王庶颁发给义军首领李实的札子,札子宣称李实为"借补进武校尉",时间为"建炎二年正月初八日",在"初八日"之下有一押字,显然是鄜延路经略使王庶的押字。请见图十。第三、第四份是都统河东路军马安抚使司颁发给李实的札子。第三份(图十一)称李实为保义郎,第四份(图十二)称李实由保义郎"转补成忠郎",时间为"建炎二年八月二十四日"。这两份札子在左下端各有一个官员的押字,两个押字相同,显然是都统河东路军马差遣安抚使李宋臣的花押。第五份(图十三)是河东陕西路经制使司颁发给李实

---

1 《萍洲可谈》卷2;李元弼:《作邑自箴》卷5。
2 《庆元条法事类》卷10《职制门七》。

上：图十　灵石县宋代抗金文件之一　《文物》1972 年第 4 期

下：图十一　灵石县宋代抗金文件之三　《文物》1972 年第 4 期

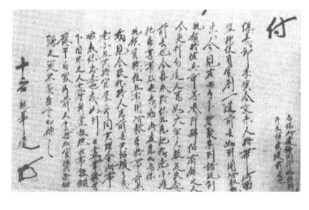

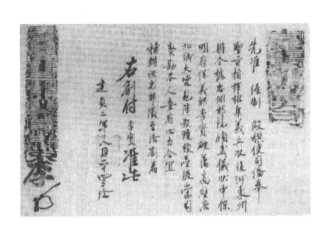

的札子，宣称成忠郎李实为"借补成忠郎"，时间为"建炎二年九月初四日"。札子左下角也有一个长官的押字，估计是河东陕西路经制使的押字[1]。

第二，百姓们书写诉讼状纸，起诉人必须在状纸末尾押字，官府才予承认。徽宗时，李元弼在所撰《作邑自箴》一书中，规定了各种"状式"，在状子末尾写明年月日，然后再写"姓某押状"。如果遇起诉人不会写字，则命代写人"对众读示，亲押花字"。这显示押字在法律文书方面所起的重要作用。

第三，百姓们在买卖田地或房屋等财产时，习惯于在契约上书名之后，再画上押字。朱熹指出，当时法律规定，"母已出嫁，欲卖产业，必须出母著押之类，此皆非理"。虽然不符合常理，但出售产业时，改嫁的生母必须在契书上签押，方能生效，这是法律规定的制度。袁采《世范》卷3《治家·田产宜早印契割产》提出，人户买卖田产，"如有寡妇、幼子应押契人，必令人亲见其押字。如价贯、年月、四至、亩角，必即书填"。这种买卖田产契书再经官府"投印"，就成为最为详备的合法契书。朝

1　《文物》1972年第4期，图版八；陈振：《有关宋代抗金义军将领李宋臣的史料及其他》，《文物》1973年第11期。

廷"赋役令"还规定,各县衙设置"税租割受簿",遇有百姓买卖土地,割受相关赋税,"即时当官注之","逐户之下结计现管数目,县官垂脚押字"[1]。今存宋理宗景定元年(1260年)正月十五日徐胜荣与其母阿朱卖地契,上面写有卖地人徐胜荣的押字"𠦪",又写有其母阿朱的花押"◐",还有"书契见交钱人李邦善"的押字"𢎥"。这是有关押字的又一实物证据。

　　第四,官府发行纸币,在钞版上刻有有关主管官员和吏人的押字,印在纸币上作为记认。北宋王小波、李顺起义后,益州(即成都府)"豪民"十余户,"连保作交子","诸豪以时聚首,同用一色纸印造。印文用屋木人物,铺户押字。各自隐秘题号,朱墨间错,以为私记,书填贯,不限多少"。这种交子由发行者"交子铺"负责押字,宋真宗时,改由官府发行[2]。此后,尚未见到有关发行官员和吏人在纸币上押字的记载和实物。

　　金代最初没有发行纸币。至海陵王迁都中都(治今北京市)后,在贞元二年(1154年)始置交钞库,发行交钞,与铜钱同时流通[3]。交钞之制规定,交钞中间在"某字料"、

1　《庆元条法事类》卷 47《税租簿》。

2　李攸:《宋朝事实》卷 15《财用》。

3　《金史》卷 5《海陵纪》,卷 48《食货三·钱币》,卷 125《蔡松年传》。

"某字号"横阑之下，刻印"中都交钞库，准尚书户部符，承都堂札付户部复点勘令史姓名押字"。又规定"库、掏、攒司、库副、副使、使各押字，年月日。印造钞引库库子、库司、副使各押字，上至尚书户部官亦押字"。此外，还要加盖支钱州、府的合同印。今存金宣宗时期的几种交钞版，一是贞祐（1213—1217 年）宝券"五贯文"合同版。该版中间左面有尚书户部勾当官的押字，往右有印造库使、宝券库使和副使的押字，印造库子、攒司的押字；右面有宝券库掏的押字和另一攒司的押字。其中宝券库和印造库判官、专副之下空缺，无押字。二是贞祐宝券"五十贯"文钞版（图十四）。该版中间左面有尚书户部勾当官的押字，往右有印造库使和宝券库使的押字，印造库库子的押字；右面有宝券库攒司的押字。其中宝券库和印造库的副使、判官以及宝券库掏、专副之下皆空缺，无押字。三是贞祐二年北京路"一百贯"文交钞版（图十五）。该版中间左面为尚书户部委差官的押字，向右有印造钞官的押字（二人），印造钞库子的押字；右面有攒司、库子、复点勘讫都目的三个押字。另有金宣宗兴定六年（1222 年）兴定宝泉"二贯闻省"版（图十六）。该版据学者研究系属赝品[1]。不

---

[1] 刘森：《宋金纸币史》第 12 章《金朝的纸币》，中国金融出版社 1993 年版。

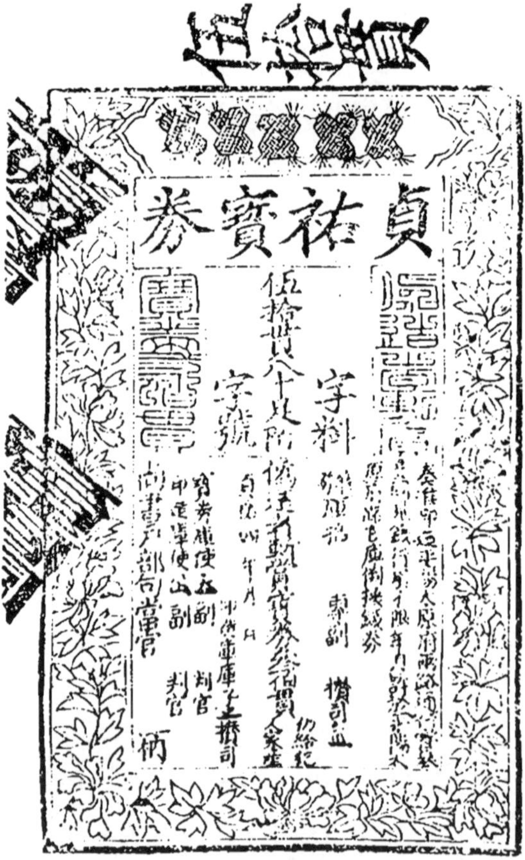

图十四　贞祐宝券"五十贯"文钞版拓片

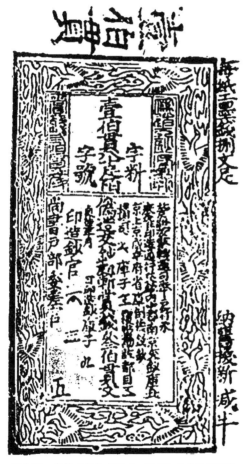

图十五　贞祐二年北京路"一百贯"文交钞版拓片

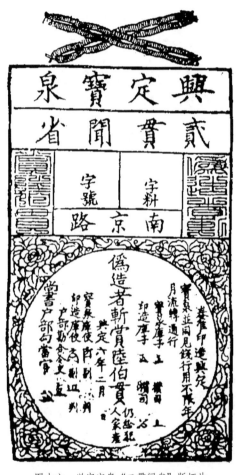

图十六 兴定宝泉"二贯闻省"版拓片

过，造假者也极力模仿金代制度，在尚书户部勾当官、户部勘合令史、宝泉库使、印造库使等之下有押字。但作伪者也露出一些破绽，如"二贯文"之"文"误作"闻"，"判官"漏刻了"官"字，等等。不过，它仍能使人们了解金代交钞上押字的大概情况。

　　第五，在器物上押字。手工业工人制造铜镜、漆器、瓷器等，也往往在器物上押字，表示对产品质量负有全责。官府铸造的铜镜上，还要镌勒监押官的押字。如宋仁宗天圣八年（1030 年），朝廷规定在京铸鎬务铸造铙、钹、钟、磬等铜器，必须在器物上镌勒工匠、专副的姓名以及监官的押字[1]。传世的一面南宋铜镜，铸就楷书"湖州炼鉴局，乾道四年炼铜照子，官"，以下为监官的一个押字。照子上还铸刻"湖州真石家念二叔照子"，说明生产地点和店家。另一面南宋菱花镜，铸就"湖州铸鉴局，乾道十年铸炼铜监"，以下为监官的押字；还有"铸造工匠杨"，以下为杨某的押字。宋朝的这种习俗传入北方的金朝，在由官府铸造的或由南宋传入的铜镜上刻金朝有关官员的押字。如由金朝官府铸造的一面八棱海舶镜上，铸有"临洮府录事司验讫"字样，下面是检验官员的花押铭记。

---

1 《宋会要》食货 55 之 19。

由南宋铸造的"湖州真石念二叔镜",运入金境后,在背面边沿刻着"富民县官",以下是押字[1](图十七)。另一面"湖州真正石念二叔照子"运入金境后,也在背面边缘刻"通州司使司官"字样,以下是该官的押字[2]。

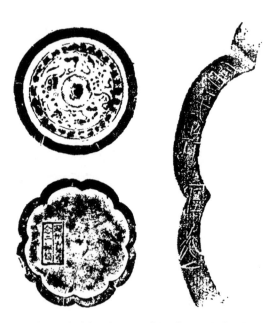

图十七　湖州真石念二叔镜《考古》1959 年第 9 期

1　梁上椿:《岩窟藏镜》第三集;沈从文编:《唐宋铜镜》,中国古典艺术
　　出版社 1958 年版;《考古》1959 年第 9 期,第 487 页。

2　《文物》1977 年第 11 期,第 11 页。

1959 年，江苏省淮安市宋代墓葬中出土许多漆器，其中一部分盘、碗等带有文字，写明制造这一器物的时间（干支）、地点、漆匠姓名，最后为漆匠的押字。如写有"壬申杭州真大□□上牢"，下面为一押字。又如一只圆盘上写有

"己丑温州孔九叔上牢"，下面也是一个花押。有的文物工作者将这些花押认作"画"字，显然是不对的。这些器物上还有漆匠的其他一些押字[1]。

1958 年，内蒙古巴林左旗出土宋的银铤五枚，其中一枚表面錾刻铭文为"杭州都税院买发转运衙大观元年郊祀银……专秤魏中应等监匠"，以下为：。显然这是负责监督铸造这枚银铤人员的花押（图十八）。由于

图十八　杭州都税院银铤
《考古》1965 年第 12 期

<hr />

1 《文物》1960 年第 8、9 期合刊。

錾刻与毛笔书写不同，只有横、直的细线。这些银铤上凡不易辨认的字，实际上大都是有关官、吏、工匠的花押。金朝的银铤也仿照此制，有关银铤的铸造工匠、秤子、监官等皆镌刻押字在其上。如在四枚金章宗泰和六年（1206年）秋税银铤上，在"任理验"三字之下，皆有押字 [1]。

有时在瓷器的底部，也刻有制造该瓷器的窑户的押字。如河南鹤壁集瓷窑遗址出土了许多北宋至金代的瓷器，其中一些瓷器底部刻有款识，如"赵"、"杨"、"张"、"刘"、"李"、"宋"等姓氏。在"赵"字之下刻有押字 [2]。估计这是生产这一瓷器的窑户的押字。

第六，在量器上押字。南宋时，有的州府规定各官仓受纳粮食，必须使用法定的标准斛斗。如宋宁宗嘉定间（1208—1224年），宁国府（治今安徽宣城）为各官仓新造了标准斛斗，在斛内刊有"嘉定九年三月，宁国府照文思院降下铜式，新置造斛，铁锢加漆。今后受纳，非此斛不得行用。江东提举、权府事李（押）"。在斗内刊有"嘉定九年三月，宁国府造文思院斗，用此受纳。提举兼权府事李（押）"。宋代法律也规定各官仓使用的斛、斗，应该加刻监官的押字。

---

1 《考古》1965 年第 12 期，第 643 页；《文物》1975 年第 8 期，第 73 页。

2 《文物》1964 年第 8 期。

如《金玉新书·诸仓类》(凡三十二条，并系增入淳祐新书)第十三条规定："斛、斗、升、合刻押(庆元重定)；诸仓官斛、斗、升、合，各刻仓分、监官押字，置库封锁，应修者当官较量。"此外，第四条还规定，各州州学的钱粮专派一名曹职官掌管收支账册，每月由知州"检点签押"[1]。

为了表示慎重和使用方便，宋代很多人还把自己的押字刻成印章。如前述宋仁宗的"押字印宝"。地方上专门代人书写诉讼状纸的人，由县衙登记姓名，发给木牌，挂在门前，并且要有"官押印子"，在状纸印上号码；否则，不准代人写状[2]。

还有一些文人有押字癖。如宋神宗时都官员外郎柳应辰，他所到之处留"押字盈丈"，甚至在浯溪(源出湖南祁阳县西南，东北流入湘江)石上作大押字，题云："押字起于心，心之所记，人不能知。"有些"好事者"替他解释，说是可以"祛逐不祥"[3]。又如历任饶、吉等地知州的施结，"性好蓄古今人押字"，所积甚多，从唐末到宋朝当代无所不有，全部勒石，每次迁居，雇佣数人担负随行。还有一位姓马的官员还乡，将"私居文字，纸尾皆署

1 《永乐大典》卷7512《仓字》。
2 《作邑自箴》卷6《劝谕民庶榜》。
3 《容斋五笔》卷10《柳应辰押字》。

使字押号"。宋理宗宝祐元年（1253 年），王柏从"鬻书
人"处购得"古贵人押字"石碑，他认为"古人之押字，
实书名而花之。后世乃不然，与其名而不相似，直著其心
之精微，寓于数划之中"，叫人捉摸不透。只有司马光的
押字"署名而小花，则不失其制押之原，而精神风致自然
见于诚意之表"，但"此法未易尽识之耳"[1]。

五、押字的弊端

在中国历史上，押字习俗的形成是一种进步的社会现
象，它减少了人们在各种交往过程中遇到一些不必要的麻
烦。自然，押字也带来了一些弊端。如官员们业已习惯在
文书上使用本人固定的花押，不用多久，办事的吏人便会
熟悉，于是试图为非作歹者便乘机加以模仿，或截取文书
纸尾的官员花押，换接到别的公文上，从中营私舞弊。宋
仁宗庆历三年（1043 年）四月，三司副使、兵部郎中李
宗咏受到朝廷降官的惩处。原因是三司"后行"（吏人的
一种，由后行升迁为前行）崔珏等"伪学"权三司使姚仲

---

1 《萍洲可谈》卷 1；王柏：《鲁斋集》卷 11《古贵人押字跋》。

孙等人的押字，借此"脱赚钱物"，而李宗咏犯了失于觉察的罪。南宋末年，文天祥担任地方官时，发现典吏侯必隆"辄敢于呈押之时，脱套花字于行移之后，捿掇公文"。"行移"是指各级官府之间往来的公文。吏人侯必隆在进呈官员押字后，截取纸尾，捿掇到别的公文上。文天祥判决侯必隆脊杖十五下，刺配千里州军[1]。

---

1 《宋会要》职官 64 之 42；文天祥：《文山先生全集》卷 12《断配典吏侯必隆判》。

第四章

刺字、文身和簪花

　　世界古代各国都有刺字和文身的习俗，先在人身上刺字或图案，再涂以墨汁或其他色素，使之沉着于皮下组织，永不褪落。除刺字、文身而外，宋代还有簪花的习俗。

一、刺　字

　　宋代继承前代习俗，在军人和大多数囚犯的面部或其他部位刺字。对于囚犯，是作为刑罚之一，北宋初仅适用于贷死的囚犯，此后适用范围日益扩大到大多数囚犯。至孝宗淳熙间，刺配法增至570条。神宗末年，重定黥配法，规定"犯盗，刺环于耳后；徒、流以方，杖以圆。三犯杖，移于面，径不得过五分"。刺面分为大刺与小刺两种。凡被认为"情重凶恶"的囚犯，所刺之字稍大，两面分刺。仁宗赞成只刺一面，字样可稍大[1]。所刺文字，如因犯被判流罪，命刺其面为"刺配某州牢城"。如果罪不至此，量刑过重，则在这些字前加"特"字。高宗、孝宗时，对宽大处理给予"贷命"的"强盗"，在额上刺"强盗"二字，在脸上刺大字"配某州或某府重役"，或"配某州、府屯驻军重役"。如被宽大处理的"强盗"而可充兵，则在额上刺"免斩"二字，在"面刺双旗"[2]。

北宋还继承前朝的习俗，凡招募士兵，皆在其面部刺上小字，"各识军号"。仁宗初年，规定在京东西、河北等路募兵，"当部送者刺'指挥'二字"。庆历二年，选河北、河东强壮并抄民丁刺手背为"义勇"。康定间，又在环、庆二州以沿边弓手"涅手背充"寨户。英宗治平元年（1064年），再次在陕西点义勇，"止涅手背"。神宗熙宁七年（1074年），在河北招募蕃人弓箭手，"蕃兵各愿于左耳前刺'蕃兵'二字"[3]。钦宗靖康元年（1126年），朝廷拟在陕西路招募"义勇"，"止于右臂上刺字"。南宋时，

---

1 《宋史全文》卷27，淳熙十一年七月己丑；《长编》卷362，元丰八年十二月癸酉；《宋会要》刑法4之11。

2 《东轩笔录》卷10；《宋会要》刑法4之56、55、51、47；《续古今考》卷37《五刑起何时，汉文除肉刑，近世配军刺旗法》。

3 《嘉泰会稽志》卷4《军营》；《宋史》卷193《兵志七》，卷191《兵志五》，卷190《兵志四》。

士兵仍然免不了在额部和手背刺字。方回记载说，当时
"大军刺字，号以姓名；禁、厢军刺额，号以六点"[1]。额部
一般刺军号，手部一般刺姓名。

有些军人为了表示自己的志向，也在自己身体上刺
字。如北宋时，兵马副部署、保州刺史呼延赞在自己身上
刺"赤心杀贼"四字，表示"愿死于贼"。岳飞背上刺有
"尽忠报国"四个大字，"深入肤理"，相传是岳飞的母亲
亲自替他刺上的。高宗初年，抗金名将王彦退入太行山，
聚集义军。为表示抗敌的决心，义军皆面刺"赤心报国，
誓杀金贼"八字，号称"八字军"，河北、河东百姓纷纷
响应[2]。

金朝奴婢的面部或身上往往刺字，对此朝廷一般不予
过问。宋金战争之初，金军统帅完颜宗翰（粘罕）命令各
地大量捉拿中原民众，将他们没为奴婢，在这些奴婢"耳
上刺'官'字"，先"散养民间"，再"立价卖之"。南宋
使者范成大在金朝亲眼看到奴婢"两颊刺'逃走'二字"，
系"主家私自黥涅"。其《清远店》诗云："屠婢杀奴官

1　《宋史》卷 193《兵志七》；《续古今考》卷 37《五刑起于何时？汉文除
　　肉刑，近世配军刺旗法》。

2　《职官分纪》卷 40《刺史》；《宋史》卷 365《岳飞》；《会编》卷 113
　　建炎元年十月二十九日乙酉。

不问，大书黥面罚犹轻。"[1] 而宋朝则禁止主人私自黥刺奴仆[2]。宋英宗时，官员刘注被"追三官，潭州编管"，其罪状之一便是"刺仆人面，为'逃走'二字"[3]。

二、文　身

宋代有些市井百姓喜欢文身，称为"刺绣"。迎神的团体称"锦体社"。专门为人文身的工匠称"针笔匠"，他们往往"设肆为业"。荆州的街子葛清，自头颈以下遍刺白居易的诗和画："不是此花偏爱菊"句，刺"则有一人持杯，临菊丛"图，"黄夹缬林寒有叶"句，刺"一树上挂缬"图。共刺20多处，人们称他为"白舍人行诗图"。宋太祖、太宗时，有"拣停军人"张花项，晚年出家做道士。当时习俗"以其项多雕篆"，所以"目之为'花项'"[4]。徽

1　《要录》卷40，建炎四年十二月辛未；范成大：《石湖居士诗集》卷12。

2　《燕翼诒谋录》卷3《主家不得黥奴仆》；《长编》卷54，咸平六年四月癸酉。

3　《宋会要》职官65之23。

4　《续古今考》卷37《五刑起于何时？汉文除肉刑，近世配军刺旗法》；《永乐大典》卷5840《花字》；张齐贤：《洛阳缙绅旧闻记》卷3《田太尉候神仙夜降》。

宗时睿思殿应制李质，年轻气盛，行为"不检"，"文其身"，被赐号"锦体谪仙"。东京百姓在大街上庆祝重大节日时，"少年狎客"往往追随在妓女队伍之后，也"跨马轻衫小帽"，另由三五名文身的"恶少年""控马"，称"花腿"。所谓花腿，乃自臀而下，纹刺至足。东京"旧日浮浪辈以此为夸"。南宋初，张俊所率军队常驻"行在"，挑选少壮长大的士兵皆刺花腿，防止逃往其他军队，"用为验也"[1]。孝宗、宁宗时，饶州百姓朱三的"臂、股、胸、背皆刺文绣"；鄱阳东湖阳步村民吴六也"满身雕青"；吉州太和居民谢六"举体雕青，故人目为'花六'，自称青狮子"。理宗淳祐以后，临安有名的店铺中有金子巷口陈花脚面食店，其店主显然也是刺双腿者。现存宋人画杂剧《卖眼药》绢画中，绘有一位手臂"点青"的市民（图一）。但朝廷严禁宗室"雕青"[2]。

　　由于不少南方少数民族系古代越人的后裔，他们直到宋代仍保留文身的习俗，如《清波杂志》卷10称：广南黎洞"人皆文身，男女同浴"，以致有"文身及老幼，川

1　《挥麈录》后录卷2；孟元老：《东京梦华录》卷7《驾回仪卫》；《鸡肋编》卷下。
2　《夷坚支志癸》卷8《阆山排军》，卷9《吴六竞渡》；《夷坚丁志》卷3《谢花六》；《梦梁录》卷13《铺席》；《宋会要》帝系7之31。

图一　南宋佚名《杂剧〈卖眼药〉图》故宫博物院藏

浴女同男"之说。但又各有其特点，壮族先民只有女奴婢才黥面。《岭外代答》卷 10《绣面》称"邕州溪峒使女，惧其逃亡，则黥其面"。而黎女绣面属于"吉礼"，《诸蕃志》卷下《黎》云："女及笄即黥颊为细花纹，谓之绣面。女既黥，集亲客相贺庆，惟婢获则不绣面。"黎族先民只有女性才绣面，而金齿蛮则男性与女性皆文身，并因此有绣面蛮、花脚蛮一类的称呼。《云南志略·诸蛮风俗》称："文其面者，谓之绣面蛮；绣其足者，谓之花脚蛮。"《马可波罗行纪·金齿州下》说："男子刺黑线纹于臂腿下。刺之法，结五针为一束，刺肉出血，然后用一种黑色颜料擦其上，既擦，永不磨灭。此种黑线，为一种装饰，并为一种区别标识。"

三、簪　花

宋代沿袭前朝习俗，不论社会地位或性别、年龄，在平时或节日，都簪戴花朵（图二）。

从宋初起，逐步形成"故事"：凡大臣参加皇帝举办的宴会，皆赐给宫中名花，其中亲王和宰臣由内侍将花插在他们的幞头上，其他官员自己戴花。皇帝有时也特命内侍为宠爱的翰林学士戴花，使旁观的官员们羡慕不已。每

图二　宋佚名《宋仁宗后坐像》　台北"故宫博物院"藏

年三月，皇帝与大臣们赴金明池游玩，从宰相到从臣，都赐"生花"即鲜花，"皆簪花而归"。这些花朵分为三品：凡遇圣节大宴，如有辽朝使臣参加，则用绢帛做花，"示之以礼俭"。春、秋季的两次宴会，则用罗帛做花，"为甚美丽"。至于大礼后恭谢、上元游春等，从臣都随皇帝出行，到时安排小宴称为"对御"。凡遇"对御"，即赐从臣们"滴粉缕金花"，"极其珍巧矣"。在赐给从臣们"燕花"时，一般按照官员的品阶决定多少，而在赐给滴粉缕金花时，数量则比平常加倍。这些花朵因为是皇帝赐给的，所以又称"御花"，大臣们遇到这种场合都要穿"公裳，簪御花"。花朵一般都插在幞头上，所以又称"簪戴"[1]。

宋朝皇帝每逢重要庆典，也簪戴花朵。如真宗时，曾特赐东京留守陈尧叟和大内都巡检使马知节御宴，"真宗与二公皆戴牡丹花而行"。在宴会中，真宗命陈尧叟"尽去所戴者"，"召近御座，真宗亲取头上一朵为陈簪之，陈跪受拜舞谢"。徽宗每次出游，回宫时则"御裹小帽，簪花，乘马"。同时，对"前后从驾臣僚、百司仪卫，悉赐花"[2]。

1　王辟之：《渑水燕谈录》卷1；王巩：《闻见近录》；《铁围山丛谈》卷1，卷3；《宋史》卷153《舆服志五》。

2　《能改斋漫录》卷13《记录·御亲赐带花》；《东京梦华录》卷7《驾回仪卫》。

南宋时，官员们每逢重要节庆，如郊祀、明堂礼毕回銮、圣节、赐宴时，都在幞头簪花。花朵分为三种，一为大罗花，分为红、黄、银红三种颜色；二为栾枝即双枝，用各种颜色的罗制成；三为大绢花，分为红、银红两种。罗花以赐百官，栾枝赐卿、监以上官员，绢花赐将校以下武官。各级官员所戴花朵有一定的数量，不准随便超过限数[1]（图三）。

宋代官民所戴花朵，除上述罗花、绢花、滴粉缕金花外，还有真花即生花，以及用通草、琉璃制成的花朵。人们喜爱簪戴真花的著名地区有洛阳和扬州，《洛阳牡丹记》说：洛阳之俗"大抵好花，春时，城中无贵贱皆插花，虽负担者亦然"。扬州居民与洛阳"无异"，"无贵贱皆喜戴花"。这两地居民所戴之花大都是真正的牡丹和芍药。当然，洛阳居民也有戴仿生花朵的。如宋太祖开宝初年，洛阳有李姓染匠，又"能打装花缬"，人们称之为"李装花"[2]。这种仿生花朵使用罗、绢为材料。此外，还有用通草和琉璃即玻璃制作花朵的。如宁宗时，饶州一户居民以生产通草花朵为业。度宗时，宫中流行簪戴琉璃花，因此

1　《宋史》卷153《舆服志五》；《宋会要》职官55之20。
2　欧阳修：《欧阳文忠公集》卷72；王观国：《芍药谱序》；《永乐大典》卷5840《花字》。

图三　南宋佚名《田畯醉归图》(局部)　故宫博物院藏

"都下人争效之"。当时，临安有人赋诗道："京城禁珠翠，天下尽琉璃。""识者以为流离之兆。"[1]

南宋临安的414行中，有面花儿行或花朵市、花团。著名的花市或花团在官巷，官巷内著名的花铺有齐家、归家花朵铺，它们专门生产和销售各种花朵，其中有"像生花朵"、"罗帛脱蜡像生四时小枝花朵"等[2]。

1 《夷坚支志癸》卷8《李大哥》；《宋季三朝政要》卷4《度宗》。
2 《西湖老人繁胜录·诸行市》；《武林旧事》卷6《诸市》；《梦粱录》卷13《团行》、《铺席》、《诸色杂货》。

附　宋代的刺字和文身习俗

　　世界各国古代都有刺字和文身的习俗，有些国家还流传到现代。刺字和文身的方法大致是这样的，即先在皮肤上写字或绘出图案，再用针依样点刺，最后涂以紫黑色植物液汁或其他色素，使之沉着于皮下组织，长期不褪。宋代继承前代的习俗，在大多数囚犯和军人身上的某一部位刺字或图案，民间的"市井小民"和有的少数民族也喜欢文身。

一、囚犯的刺字或图案

　　文身是一种古老的身饰，产生于蒙昧时期。至于刺字，在中国可追溯到三四千年前的五刑之一的"黥"刑。黥刑又称墨刑，即刺字于被刑者的面额上，涂以黑色，作为处罚的标志。《尚书·吕刑》有关于墨刑的记载。到汉文帝十三年（公元前167年）废除黥、劓、刖刑，意味着肉刑体系从此一去不复返。此后，经过不断的改革，到北齐别开生面，以死、流、耐、鞭、扑五种刑罚为骨干。从北周开始，实行以强制劳动为内容的徒刑，律以杖、鞭、徒、流、死五种刑罚为骨干。唐代改为以笞、杖、徒、流、死五种刑罚为体系[1]。

宋代基本继承唐代刑罚体系，但稍有改变，即增加"刺配"一项。刺面而流配，始于五代后晋。据《五代会要》记载，后晋天福三年（938年）八月，左街史韩延嗣因殴打百姓李延晖致死，被判处二年半徒刑，"刺面配华州发运务收管"[2]。宋代沿用此刑，实际是将唐代中期的流刑附加决杖，与后晋的刺面配隶糅合一起，构成一种兼用刺面、杖脊、流配、徒役四刑的刑罚。

北宋初年，刺配仅适用于贷死的囚犯。孝宗时，有官员上疏说："刺面之法，始于晋天福间，国初加杖，用贷死罪。其后科禁蛐密，刺面日增。"[3]表示在宋初以后，刺配适用范围日益扩大。真宗大中祥符间（1008—1016年）编敕，刺配之刑名共46条。仁宗天圣间（1023—1032年），增至54条。至仁宗庆历间（1041—1048年），又增

1　蔡枢衡：《中国刑法史》，广西人民出版社1983年版，第94页。
2　《五代会要》卷9《议刑轻重》，上海古籍出版社1978年版。
3　《宋史全文续资治通鉴》卷27《孝宗四》，文海出版社1967年影印本。

至 99 条[1]。加上"诸系禁奏取旨"者 71 条，共计 170 条。
孝宗淳熙十一年（1184 年）虽经裁减，至十四年（1187
年），仍增达 570 条。"配法既多，犯者自众，黥隶之人，
所至充斥。"[2] 于是在社会上因犯罪而被黥刺者极多。当然，
原则上是"凡应配役者傅军籍，用重典者黥其面"[3]。所以，
配军中有部分人黥面，有部分人不黥面。

黥刺的图案和字，根据犯罪者所犯刑名的不同和次数
以及配隶的地点等而有所区别。真宗大中祥符四年（1011
年），朝廷发现各地犯罪人"并部送阙下者"，都刺"满
面大字，毁形颇甚"，"尤可悯伤"，要求今后各地"不得
更然"[4]。六年，下诏规定凡三司和开封府等"应配人，除
奉宣大刺面外，余并依招军例小刺。诸处已刺'指挥'字
者，止添所配处"。七年，再次重申各地不得对"负犯人
刺面者多大刺文字，毁伤既甚"，且"永为定制"。仁宗
天圣二年（1024 年），开封府上言请求：凡已经结案定
罪的"贼情重凶恶者"，所刺字"字样稍大，仍于两面分
刺"。仁宗决定如果确实是"凶恶巨"，才"一面刺稍大

---

1 张方平：《乐全集》卷 24《请减刺配刑名》，四库全书文渊阁影印本。

2 《文献通考》卷 168《刑七》，中华书局 1986 年影印本。

3 《宋史》卷 201《刑法三》。

4 《长编》卷 75，大中祥符四年二月壬戌。

字样"[1]。神宗元丰五年（1082 年），已规定京城和开封府界"犯盗并刺环子"。到哲宗元丰八年（1085 年）十二月，下诏："犯盗，刺环于耳后，徒、流以方，杖以圆。三犯杖，移于面，径不得过五分。"[2]规定"犯盗"者，一般在耳背刺环，定杖刑者刺圆环，徒、流刑者方环。如三次犯杖刑，则改刺于面，环的直径不得超过五分。这是初次对所刺图案的部位、形状、大小作出了明确的规定。南宋时，依然对"盗贼"刺环。将仕郎宋卫在云安关，杀猪赛庙，见一猪耳下有一方环，"墨色犹明润"。他怀疑此猪的前身必是"为人而犯盗者也"[3]。抚州百姓冯四，其第五子"奸盗事败，捕囚狱户，断杖刺环"[4]。理宗时，胡太初撰《昼帘绪论》说："盗贼累犯，合与刺环。"但是"今有初犯及盗不满匹者，（县官）一为势利所怵，便与断刺。不知鞭挞至惨，肌肤犹有可完之时，一经刺环，瘢痕永无可去之理"[5]。提议做县官者要对判处刺环的刑名慎重。高宗时，有不少武将"多起于群盗"，其中统制官李用面刺

---

1 《宋会要》刑法 4 之 6、7、11《配隶》。

2 《长编》卷 324，元丰五年三月甲辰，卷 362，元丰八年十二月癸酉。

3 《夷坚丙志》卷 18《猪耳环》。

4 《夷坚三志》壬卷 1《冯氏阴祸》。

5 胡太初：《昼帘绪论·用刑篇第十二》，丛书集成初编本。

双旗。及至临安朝见高宗，阁门表示怀疑，高宗乃下诏："今后臣僚有面刺大字或烧灸之人，许入见。"[1]可见此时，还在罪犯脸上刺旗。勇将夏贵年轻时"以罪刺双旗"，人称"夏旗儿"[2]。平章贾似道擅将福建人马都录下临安府狱，"面刺双旗，押付丰都寨"[3]。度宗时，吉州郭刘吉诬告陈成"三经刺配"，而且经御史台判决杖脊刺旗，押充边军。后经查实，纯属子虚乌有[4]。以上是在犯人脸部刺方环或圆环，或双旗。

所刺之字也有一定的大小分寸。"断狱令"规定："诸军移配而名额不同或降配者，所刺字不得过二分（仍不刺'配'字）；逃亡及配本城四分；牢城五分；远恶及沙门岛七分。即旧字不明及出除遮改者，官司验认添刺；不可添者，别刺。"[5]对每个字的大小限制为二分、四分、五分、七分四等。由"断狱令"中提及配隶至"沙门岛"，说明这是北宋时期的旧制。而到宁宗庆元间（1195—1200 年）仍然沿用。宋代刺配有大刺、小刺之分，推想每个字刺二寸是小刺，每个字四分以上就是大刺。孝宗乾道三年（1167 年），

1　《要录》卷 151，绍兴十四年三月己巳。

2　《宋季三朝政要》卷 3《理宗》，丛书集成初编本。

3　郑元祐：《遂昌杂录》，江苏广陵古籍刻印社《笔记小说大观》第 11 册。

4　黄震：《黄氏日抄》卷 76《申明七》。

5　《庆元条法事类》卷 75《编配流役》。

翰林学士、知制诰刘珙提议，对"强盗贷命配流之人"，凡"减死一等之人，其情重者并大字配屯驻军"，而"情轻者止刺填军分"，"庶几恶少知所警惧"[1]。希望对不同情节的"强盗"在刺字的大小上有所区别，藉以使"恶少""警惧"。

宋代官府还根据犯人刑名的不同刺上相关内容的文字。一般地说，对于判决发配至某地牢城的犯人，在其脸部刺"配某州（或府、军、监）牢城"。仁宗天圣六年（1028年），前滑州观察支使索希甫因受贿枉法，原应被处极刑，后受宽贷免死，"刺面决配远州牢城"。凤翔府周至县尉孙周翰因酷刑殴死百姓田义，免死，"命决杖二十，刺面配广南牢城"[2]。有时，为了严惩捕获到的"沿海劫盗"，防止脱逃，特命判决"刺配池州、鄂州、建康府都统制军下，并收管重役使唤"，其刺字皆以"配某州、府屯驻军重役"字为文。这一规定将"候盗贼衰息日依旧法"。显然这是高宗绍兴十九年（1149年）临时实行的办法[3]。至孝宗淳熙八年（1181年），对"强盗贷命人"，改为"配隶广东摧锋军、福建左翼军、湖北神劲军……及诸

1　《宋会要》刑法4之51《配隶》。

2　《宋会要》刑法6之11《矜贷》。

3　《宋会要》刑法4之47《配隶》。

路州郡系将、不系将禁军重役，专听部辖人役使"，所刺之字"以某军或某州重役为文"[1]。同年，还规定对这类配隶之人，在额部刺"强盗"两字，其他字分刺两脸[2]。南宋后期，又改为"充兵强盗免死，额刺'免刺'二字，面刺双旗"[3]。北宋时，苏州通判兼权州事陆东在判决一名犯人流罪时，"命黥其面曰'特刺配某州牢城'"。黥刺完毕，幕职官议论此事说："凡言'特'者，罪不至是，而出于朝廷一时之旨。今此人应配矣，又'特'者，非有司所得行。"陆东听后"大惊"，急命改刺"特刺"两字为"准条"，"颇为人所笑"[4]。

宋代法医学名著《洗冤集录》卷2《验未埋瘗尸首》记载，官府检验尸体，先看额角、面脸上所刺大、小字体共几行或几字，有无军号。如果是配隶人，所配隶何州军，字也要统计行数。如果经过刺环，或方或圆，或在手背、头颈，也要统计几个。犯人脸部被刺字，社会上称为"打金印"。元末明初小说《水浒》第八回描写："原来宋时，但是犯人，徒流迁徙的，都脸上刺字，怕人恨怪，只

1 《宋会要》刑法4之55《配隶》。
2 《宋会要》刑法4之56《配隶》。
3 《续古今考》卷37《五刑起何时，汉文除肉刑，近世配军刺旗法》。
4 《东轩笔录》卷10。

唤做'打金印'。"推想这正是宋代的习俗。

二、军人的刺字

唐末五代，军阀们强征百姓当兵，为防止逃亡，在士兵脸上刺字。唐哀帝天祐三年（906年），朱全忠自将攻沧州，刘仁恭悉发男子十五岁以上为兵，涅其面曰"定霸都"，士人则涅其臂曰"一心事主"[1]。南唐李氏"据有江南"，也征发民户壮丁为兵，皆"黥面"，称为"义军"[2]。宋代承袭此制，凡招募士兵，必定要在其面部或其他部位刺上小字，"各识军号"[3]。刺字成为军人身份的一个特殊标志。招募士兵，经体检合格，在脸上刺字，再发给衣服、缗钱，称"招刺利物"。仁宗天圣元年（1023年），下诏京东西、河北、河东、淮南、陕西路募兵，"当部送者刺'指挥'二字"[4]。康定间（1040—1041年），又在环、庆二州以沿边弓手"涅手背充"弜户。庆历二年（1042年），

1　《事物纪原》卷10《涅面》；《新唐书》卷212《刘仁恭传》。
2　《宋史》卷265《张齐贤传》。
3　《嘉泰会稽志》卷4《军营》。
4　《宋史》卷193《兵七》。

选河北和河东强壮及强迫民丁刺手背为"义勇"。英宗治平元年（1064年），再次在陕西点义勇，"止涅手背"。神宗熙宁七年（1074年），在河北招募蕃人弓箭手，"蕃兵各愿于左耳前刺'蕃兵'字。元丰三年（1080年），鄜延路经略副使种谔将"效顺"宋朝的部族人一律刺"归汉"两字[1]。钦宗靖康元年（1126年），朝廷拟在陕西路招募"义勇"，"止于右臂上刺字"[2]。

南宋高宗绍兴十一年（1141年），罢韩世忠和张俊、岳飞三大帅的兵权，组成屯驻大军，取代原有的禁军，作为正规常备军。方回《续古今考》记载，此时"大军刺手，号以姓名"。禁军和厢军则在额部刺字，"号以六点"[3]。所谓六点，是天的隐语。牙牌中以幺数为地，六数为天。元代高文秀《遇上皇》第二折说："你须是说古论文士大夫，这六点儿运人不曾把人做。"由此推测，屯驻大军皆在手背刺字，刺上自己的姓名；禁军和厢军则在额部刺上"天"字。南宋末年，为了抗御蒙古（元）军的南侵，还强抓百姓为兵，"尽涅刺之事"，称为"手号军"或

1　《宋史》卷191《兵五》，卷190《兵四》；《长编》卷318，元丰四年十月己卯。
2　《宋史》卷193《兵七》。
3　《续古今考》卷37《五刑起何时，汉文除肉刑，近世配军刺旗法》。

"手记军"、"涅手军"[1]，表示这些军队皆刺手背为记号。

宋代军队对逃亡的士兵在脸部刺"逃走"两字，以示惩戒。苏轼说"讳不得"者之一是"健儿面上'逃走'字"[2]。因为脸部刺了"逃走"两字，士兵无法掩饰。徽宗政和五年（1115 年），还曾立下钱监兵匠"逃走刺手背法"[3]，这是规定在逃亡的铸钱监兵匠的手背刺"逃走"两字。

宋仁宗时，狄青出身"拱圣长行"，因军功逐渐升迁。后又因率军平定侬智高的叛乱，逐步晋升为节度使、平章事。有一次，仁宗命参知政事王尧臣转告狄青敷药除去面部所刺的文字。狄青回答说："青若无此两行字，何由致身于此？断不敢去，要使天下健儿知国家有此名位待之也。"[4]说明狄青始终在脸部刺了两行文字，可能是他在入伍时所刺的。

宋代也有部分军人免予涅刺，这就是"效用"或"效勇士"。神宗熙宁六年（1073 年），"诸路勇敢效用法"规定，沿边诸路经略司所辖勇敢效用，"皆以材勇应募从军，月给钱粮、战马、器甲，以时肄习"，且"不刺手，不置

1　《续文献通考》卷 127《兵七》，商务印书馆 1936 年影印本。
2　《杂纂》卷下《苏子瞻续纂》，《说郛》卷 5，上海古籍出版社 1988 年影印本。
3　《宋史》卷 193《兵七》。
4　《能改斋漫录》卷 12《狄武襄不去黥文》。另见《长编》卷 172，皇祐四年六月丁亥。

营"[1]。南宋时，效用人数逐渐增多，"诸军皆有之，不涅其面"。后来，在招军时，定出普通军兵和效用两个等级的比例为7∶3[2]。由此可知，一般效用既不刺手，又不涅面[3]，是军队中的高级军士。只在光宗绍熙三年（1192年），规定归朝、归明、归正、忠顺官等子弟，如身材强壮、武艺过人，可赴住地州军申请参军，经考试合格，可补充为本路安抚司的效用，只在手背刺"某某路安抚司效用"八字[4]。

有些军队和军人为了表达某种志向，也在身上刺字。如宋太宗淳化五年（994年），李顺起义军攻占成都，建立"大蜀"政权，改元"应运"，起义军皆面刺"应运雄军"四字[5]。太宗时保州刺史、冀州副都部署呼延赞，"常言愿死于贼"，在身上遍刺"赤心杀贼"四字，至于妻子仆使也如此，诸子耳后还另刺字为"出门忘家为国，临阵忘死为主"[6]。仁宗庆历七年（1047年），贝州宣毅军小校王则率众占领州城造反。王则原籍涿州，离开故土时，其母

---

1 《长编》卷245，熙宁六年五月癸亥。

2 《建炎以来朝野杂记》甲集卷18《诸军效用》，丛书集成初编本。

3 王之道：《相山集》卷20《又与江中丞画一利害札子》，四库全书文渊阁影印本。

4 《庆元条法事类》卷78《招补归朝归明归正人》。

5 《长编》卷95，《宋会要》刑法4之10。

6 《宋史》卷279《呼延赞传》。

在其背上刺一"福"字以为标记，百姓们"因妄传'福'字隐起，争信事之"。王则自号东平郡王，征集 12 岁至 70 岁的百姓为兵，在其脸部刺"义军破赵得胜"六字[1]，表示起义军推翻宋朝统治的志向。高宗时，抗金名将王彦退入太行山，聚集义军，为表示抗敌的决心，皆面刺"赤心报国，誓杀金贼"八字，号称"八字军"，河北和河东百姓纷纷响应[2]。另一抗金名将岳飞的背上也刺有"尽忠报国"四个大字，"深入肤理"[3]，据传是岳飞的老母姚氏早年为了鼓励他忠于国家而亲手刺上的。

三、百姓的刺字和文身

宋代有些百姓喜欢刺字和文身。当时雅称文身为"刺

---

1 《资治通鉴长编纪事本末》卷 49《贝州王则之叛》，文海出版社 1967 年影印本。李攸：《宋朝事实》卷 16《兵刑》(丛书集成初编本) 作"置破赵、得圣等军，百姓年十二以上，并刺为军"，所刺之字稍异。

2 徐梦莘：《三朝北盟会编》卷 113 炎兴下帙十三，建炎元年十月二十九日己酉，上海古籍出版社 1987 年影印本。《建炎以来朝野杂记》甲集卷 18《八字军》作"皆涅其面曰：'誓竭心力，不负赵王'故号八字军。"此八字疑为王彦所部早期的口号。

3 《宋史》卷 365《岳飞传》。

绣"[1]。宋太祖、太宗时，有"拣停军人"张花项，晚年出家做道士，虽然"衣道士服"，但"俗以其项多雕篆，故目之为'花项'"[2]。荆州的街子葛清，从头颈以下遍刺白居易的诗及其配画，如"不是此花偏爱菊"句，即刺"则有一人持杯，临菊丛"图；"黄夹缬林寒有叶"句，则刺"一树上桂缬"图，共刺二十多处，人称他为"白舍人行诗图"[3]。徽宗时，睿思殿应制李质年轻时行为"不检"，"文其身"，被徽宗赐号"锦体谪仙"[4]。东京百姓每逢庆祝重要节日，总有一批"少年狎客"追随在妓女队伍之后，都"跨马轻衫小帽"，另由三五名文身的"恶少年""控马"，称"花腿"[5]。所谓花腿，乃自臀而下，文刺至足。东京"旧日浮浪辈以此为夸"[6]。

南宋初，张俊所率军队常驻"行在"，他挑选年轻体壮长大的士兵，皆刺花腿，防止逃往其他军队，"用为验也"[7]。孝宗、宁宗时，饶州百姓朱三在其"臂、股、胸、背皆刺

1 《续古今考》卷37《五刑起何时，汉文除肉刑，近世配军刺旗法》。
2 《洛阳缙绅旧闻记》卷3《田太尉候神仙夜降》。
3 《永乐大典》卷5840《花字》。
4 《挥麈后录》卷2。
5 《东京梦华录》卷7《驾回仪卫》。
6 《鸡肋编》卷下。
7 《鸡肋编》卷下。

文绣"。鄱阳东湖阳步村民吴六，"满身雕青，狠愎不逊"。吉州太和居民谢六"以盗成家，举体雕青，故人目为'花六'，自称'青狮子'"[1]。理宗淳祐（1241—1252 年）后，临安府"有名相传"的店铺中，有金子巷口的"陈花脚面食店"[2]，其主人显然是在双腿上刺满了花纹。今存宋人所绘的一幅杂剧《卖眼药》绢画，绘有一位两臂"点青"的市民[3]。

南宋临安府每年在各"神祠诞辰迎献"之时，有锦体等社出面组织庆祝活动[4]。锦体社由文身即"花绣"的人组成[5]。专门为人刺字和文身的工匠称为"针笔匠"，他们往往"设肆为业"。度宗时，抚州有针笔匠邓喜，当知州需要辨明受审人是否脸部刺过字和双旗，便请邓喜当厅审视其面上有无痕迹，再在"验状"上押字[6]。

海南黎族姑娘"及笄"时，必"置酒会亲旧、女伴，

1　《夷坚支癸》卷 8《阎山排军》、卷 9《吴六竞渡》；《夷坚丁志》卷 3《谢花六》。

2　《梦粱录》卷 13《铺席》。

3　沈从文：《中国古代服饰研究》105《宋杂剧图》（图 121），香港商务印书馆 1981 年版。

4　《都城纪胜·社会》。

5　《武林旧事》卷 3《社会》。

6　《续古今考》卷 37《五刑起何时，汉文除肉刑，近世配军刺旗法》。

自施针笔，为极细花卉、飞蛾之形，绚之以遍地淡栗纹。有皙白而绣文翠青、花纹晓了、工致极佳者"。所以，黎族妇女皆"以绣面为饰"，"高髻绣面，耳带铜环，垂坠至肩"，"唯其婢不绣"。邕州溪峒的使女，则"黥其面"，"其逃亡，与黎女异矣"[1]。

　　宋代禁止主人私自在奴婢身上刺字做记认，不准刺字或文身者为僧，也不准宗室刺字、文身。在真宗咸平六年（1003年）以前，在士庶之家"僮仆有犯，或私黥其面"。真宗认为"今之僮使本佣雇良民"，所以在是年下诏："有盗主财者，五贯以上，杖脊黥面，配牢城；十贯以上，（配五百里外；二十贯以上，）奏裁，而勿得私黥涅之。"[2] 这稍稍提高了奴婢的待遇。仁宗天圣二年（1024年），政府规定僧寺不得"收曾犯真刑及文身者系帐"[3]，即不准许文身者为正式的僧人。宋代还禁止宗室"雕青"即刺字和文身。宁宗嘉定七年（1214年），规定凡有人"教诱"宗室

1　周去非：《岭外代答》卷10《蛮俗门·绣面》，卷2《外国门上·海外黎蛮》，丛书集成初编本；赵汝适：《诸蕃志》卷下《黎》，中华书局1956年冯承钧校注本。

2　《长编》卷54，咸平六年四月癸酉，括号内据《宋史》卷201《刑法三》校补。

3　《长编》卷102，天圣二年十二月丙寅。

"为文刺身体者"，加罪二等，"千里编管，不以荫论"[1]。此外，宋代从神宗熙宁二年（1069年）起，一般不准对品官施加杖刑和刺面的惩罚，"自是命官无杖、黥法"[2]。

四、刺字和文身的消除

一般地说，人体的刺字和文身是难以人工消除的。宋人也深知"凡人一被文刺，终身不可洗除"[3]。但是，宋代又有记载说可以用药彻底除去文刺的痕迹。魏泰《东轩笔录》记载，真宗时，杨淑妃之弟杨景宗"无赖，以罪隶军营务，黥墨其面，至无见肤"。后来杨景宗开始做官，"遂用药去其黥痕，无芥粟存者，既贵而肥晳如玉"[4]。仁宗天圣二年（1024年），开封府上疏提出，为了使已经定罪的"贼情重凶恶者"难以逃走和将所刺之字"烧炙涂药"，要求将所刺的字样稍放大，并在两颊分刺[5]。这说明可以用烧

---

1 《宋会要》帝系7之31《宗室杂录》。
2 《宋史》卷201《刑法三》。
3 《宋会要》帝系7之31《宗室杂录》。
4 《东轩笔录》卷2。
5 《宋会要》刑法4之11《配隶》。

炙和涂药两种办法来除去刺痕。前引《洗冤集录·验未埋瘗尸首》也指出，在验尸时，为弄清尸体身上有否刺过字或环子，如果"内是刺字或环子，曾艾灸或用药取，痕迹黯滥及成疤瘢，可取竹削一篦子，于灸处挞之可见"。这又说明所谓烧炙，实际是用艾灸，至于用什么药，则有待于进一步研究了。尽管有以上两法消除刺字和文身的表面痕迹，但总还留有疤瘢，所以不可能完全消除文刺的痕迹。

第五章

休假

辽宋西夏金时期的官私休假，因各自的习俗而形成一定的制度。辽和西夏的官私休假制度因史料阙如，详情不明。宋、金的休假情况则较为清楚。

一、宋朝的休假

宋朝凡由官府按"令式"规定的假期，一概称为"式假"。管理"式假"的官署，在神宗元丰官制改革前，一是祠部：真宗时规定，祠部郎中和员外郎所管全年节假日共 100 天，其中包括旬休 36 天。二是鸿胪寺：神宗熙宁四年（1071 年）下诏，凡鸿胪寺所管式假，并令太常礼院行遣。元丰改制后，鸿胪寺不再经管"式假"之事，完全由祠部负责，全年节假日共 76 天[1]。

---

1 《宋会要》职官 60 之 15；《宋史》卷 163《职官志三》；《宋会要》职官 25 之 3；《文昌杂录》卷 1。

各社会群体因职业的不同，诸如官员、胥吏、军队、学生、编配囚徒、丁夫等享有不同的假期。

（一）官员的休假制度

官员的休假，大致分为公假和私假两大类。公假有节假、旬假、国忌假、外官上任假、唱名后假、朝假，还有特殊情况给假等。私假有婚嫁假、丧假、病假、探亲假、私忌假等。

1. 官员的公假

（1）官员的节假

官员的节假，在北宋初年，有岁节（元旦）、寒食、冬至各七日，休务各五日。圣节、上元、中元各三日，休务各一日。春社、秋社、上巳、重午（端午）、重阳、立春、人日、中和节、春分、立夏、三伏、立秋、七夕、秋分、授衣、立冬，各假一日，不休务。夏至、腊日，各假三日，不休务。诸大祀，皆假一日，不休务。这里的"假"日是指在京的官员免予朝参，"休务"是指各级官署停止办公。此后，宋朝"或因旧制，或增建庆节、旬日赐沐，皆令休务者，并著于令"。宋真宗时，规定每年大祀、忌日、大忌前一日，皇帝均不坐殿，即在京官员免予朝参，亦即放朝假。元日、冬至、寒食仍各放假七日，诞圣节、元夕等放假皆依旧。新增了天庆节、先天节、降圣节，各放假五日；天祺节、天贶节各放假一日[1]。大中祥符元年（即景德五年，1008 年）建天庆节和天祯（天祺）节、天贶节，五年（1012 年）建先天节和降圣节，规定各休假五日。宋仁宗康定元年（1040 年）二月，因西夏主元昊率兵侵扰西部边境，下诏中书门下和枢密院、三司，自今大节、大忌给假一日，其他小节等“并赴后殿奏事”。减少中央最高官署的假期。直到庆历五年（1045 年）六月，因“西兵解严”，才重新恢复天庆、天祺、天贶、先天、降圣五个节日的“休务”。庆历六年十二月，规定三元节即上元、中元、下元以及夏至、腊日“自今并休务”[2]。原来每逢夏至和腊日官员只放三天朝假，现在增加了休务，官员实际真正享受了假期。嘉祐三年（1058 年），御史中丞包拯上疏说：冬至、年节、寒食前后各假一日（按：应当三日），皇帝虽不御殿，即令二府、百司入衙“视事如常”。若皇帝“行幸”或举办燕宴，第二天官员“歇泊”，而“不遇休务者，更不别为假日；或观书、阅礼物之类，毋得早归私第”。仁宗依奏[3]。神宗元丰五年（1082 年），祠部重定官员休假制度，元日、寒食、

1　《宋会要》职官 60 之 15；《宋史》卷 163《职官志三》。

2　《长编》卷 126，卷 156，卷 159。

3　《长编》卷 178，嘉祐三年十二月己未；《文昌杂录》卷 2。

冬至，各七日：天庆节、上元节、同天圣节、夏至、先天节、中元节、下元节、降圣节、腊日，各三日；立春、人日、中和节、春分、春社、清明、上巳、天祺节、立夏、端午、天贶节、初伏、中伏、立秋、七夕、末伏、秋社、秋分、授衣、重阳、立秋，各一日。另有大忌十五日、小忌四日。对于皇帝而言，每逢天庆、夏至、先天、中元、下元、降圣、腊日，皆在前、后二天坐后殿办公，当天不坐。每逢立春、春分、立夏、夏至、立秋、七夕、秋分、授衣、立冬、大忌，前一日，也坐后殿。其余假日，皆不坐，因为"百司休务焉"。以上节假，加上旬假（每月三日，全年三十六日），全年共124天。这些假日实际都只是免除上朝，并不全部"休务"。宋徽宗政和四年（1114年），新定十一月五日为天应节，依照天祺、天贶节先例，作休务假一日[1]。

南宋初期，因为战乱，官员的节假实际被取消，凡遇节假，"百司"官员"皆入局治事"[2]。绍兴初以后，随着政局逐渐稳定，节假开始转入正常。孝宗时，罗愿针对当时下诏全国增加中秋节的假期，上疏提出，御史台掌管将每

1 《文昌杂录》卷1；《宋会要》礼57之31。
2 《宋会要》职官60之15。

月坐朝和百司入局的情况报告宰执，称为"月报"。从月报看，官员们"一月之中，休暇多者殆居其半，少者亦十余日"。国家的大事，诸如"四时孟享，侍从以上有扈从之劳，则为之休务可也"。以往"国家全盛之时，上下燕安，亦有天祺、天贶之属以文太平，历世承平，循而不敢废"。但是，自从"艰难以来，臣民日思淬励，何暇相从于娱乐之事，而独为休告于官府，失其实矣"。同时，"国家法度在有司者，关报截会，比前代为密。休暇既多，则远方之人常困于守待，而事亦因循失时，有不振之弊"。所以，他建议明诏"有司"，"取承平以来一时以庆事名节者，存其名勿废，而使百司得治事如常日"，以便集中精力"恢崇祖宗之功业"。待到"天下复平"，然后"复举旧令为休暇如承平时"[1]。罗愿的建议是否获准，现不得而知。到宁宗时，据这时的法典《庆元条法事类》"假宁格"规定[2]，南宋官员的节假减少较多，主要是元日、寒食、冬至各由七日减为五日。元日、寒食、冬至的假期，共七日时，规定前后各三日；共五日时，规定前、后各二日。如北宋时的"假宁格"规定，清明节前二日为寒食节；寒食

1　杨士奇等：《历代名臣奏议》卷 195《戒佚欲》。

2　《庆元条法事类》卷 11《给假》。

节前、后各放假三日，共七日。这样，清明节正在寒食节的后二日，清明节的假日恰纳入寒食节的假期内。元日、寒食、冬至虽减为各五日，但官员实际皆享受全部假期。据《嘉泰事类》规定，该三大节各假五日，"诸假皆休务"[1]。

在皇帝登殿视事（办公）的日子，有关官员必须上朝，参见皇帝。比如神宗元丰改制后，实行官员"六参"制度。六参，又称"望参"，即每逢一日、五日在京大小职事官和不厘务官，"趁赴望参"。这些官员"不得连三次请假"。朝廷下令免予官员朝参，称"放朝假"。放朝假的日子，有时官署停止办公，官员休息；有时官署照常办公，官员不能休息。如上述《庆元条法事类》规定天庆节休朝假三天，实际情况是此时临安府已不像北宋开封府那样，宫观连续斋醮数日，而是"未尝举行，亦无休假"。而外地各州府长官至时必定率员前赴天庆观朝拜，"遂休务，至有前、后各一日"。降圣、天祺、天贶诸节的庆祝和官员放假情况大致也如此[2]。

（2）官员的国忌假

宋朝的国忌，是指由朝廷特定的本朝先帝、先后逝

1　陈元靓：《岁时广记》卷15《寒食上》，卷16《寒食下》，卷38《冬至》。

2　《朝野类要》卷1《班朝》；《容斋五笔》卷1《天庆诸节》。

世纪念日。国忌分为大忌和小忌两种。宋太祖建隆元年（960年）三月，追尊僖祖（即赵朓，太祖和太宗的高祖）以下四庙，规定僖祖十二月七日忌，其妻文懿皇后（崔氏）六月十七日忌；顺祖（即赵珽，太祖和太宗的曾祖）正月二十五日忌，其妻惠明皇后（桑氏）五月二十一日忌；翼祖（即赵敬，太祖和太宗之祖父）四月十二日忌，其妻简穆皇后（刘氏）十月二十日忌；宣祖（即赵弘殷，太祖和太宗之父）七月二十六日忌。其中以宣祖为大忌，其余皆为小忌。建隆二年，太祖和太宗之母杜太后逝世，次年五月，下诏以其六月二日忌日为大忌。自此以后，凡皇帝和皇后死后，皆由新皇帝将其忌辰立为大忌。有时，一次增加四名已故皇后的忌辰为大忌。如神宗元丰六年（1083年），一次下诏将孝惠（太祖贺皇后）、孝章（太祖宋皇后）、淑德（太宗尹皇后）、章怀（真宗潘皇后）四后的忌日"依大忌例"加以纪念，实际皆立为大忌。随着时间的推移，宋朝也实行废忌。真宗时一度罢宣祖大忌。英宗治平三年（1066年），废罢僖祖和文懿皇后的忌日；神宗元丰八年（1085年），废罢顺祖和惠明皇后的忌日。但至徽宗崇宁四年（1105年），又恢复僖祖和文懿皇后的忌辰，稍前还恢复翼祖和简穆皇后的忌辰。神宗熙宁三年（1070年），国忌共有四小忌、十五大忌。四小忌为顺祖、翼祖、惠明皇后、简穆皇后，十五大忌为宣祖、太祖、太宗、真宗、仁宗、英宗，昭宪、孝明、明德、懿德、元德、章穆、章宪、明肃、章懿皇后。此外，国忌还有双忌和单忌之分，单忌是一天只有一位先帝或先后的忌辰，双忌则同一天有两名或两名以上的先帝或先后的忌辰。如昭宪皇后、淑德皇后、懿节皇后的忌日同在六月初二日，僖祖和慈圣光献皇后（仁宗的曹皇后）的忌日同在十月二十日[1]。

宋太祖初次立国忌，规定凡逢其日，"禁乐，废务，群臣诣佛寺行香修斋"。逢大忌，中书门下的官员全部参加纪念活动；逢小忌，轮派一名官员去佛寺烧香修斋。"天下州府军监亦如之。"同时，规定大忌之前一日，皇帝不坐殿视事。"自后太祖、太宗忌，亦援此例，累朝因之。"这说明大忌前一天，皇帝不坐殿视事，在京官员即放朝假。到忌日那天，各官署休务，官员去佛寺烧香后即可回家[2]。仁宗时，逢真宗、庄懿皇太后的忌日，往往前后三天到二天皇帝不视事，实际是放在京官员七天到五天的朝假。神宗元丰六年（1083年），下诏规定大忌日，六曹诸司"不得假执政官早出，诸司官不得随出"[3]。要求各司

1　《宋会要》礼 42 之 1、15、16、11、10、12；陆游：《老学庵笔记》卷 10。
2　《燕翼诒谋录》卷 2；《长编》卷 62。
3　《宋会要》礼 42 之 6、7；《长编》卷 335；《文昌杂录》卷 4。

官吏照常上班。

南宋时，可能因国忌日益增多，出现了逢双忌、单忌不同的休假办法。按照规定，在京文武百官只在双忌放假，因为烧香跪拜的礼数很多，待全部仪式结束，时间已晚；单忌仅三省官员"归休"，其余"百司坐曹决狱，与常日亡异"。宋孝宗时，罗愿上疏要求减少官员假期，如双忌日，百官"不过行香一时之顷，退而入局，盖未害也"[1]。实际上建议取消双忌百官休假的规定。

（3）官员的旬假

宋代沿袭前代，实行官员旬假制度。太祖开宝九年（976年），开始规定每遇旬假，皇帝不登殿视事，赐百官休沐一天。所谓旬假，是每十天中休息一天，一般放在每旬之末。史称"每旬唯以晦日休务"，即每月的十日、二十日、三十日或二十九日（小月）休假[2]。仁宗康定元年（1040年）二月，因西夏主元昊反叛，边防紧张，下诏中书门下和枢密院、三司，自今逢大节、大忌给假一日，其余小节、旬休"并赴后殿奏事"。这就是说命令百官暂停旬假。同年六月，翰林学士丁度上疏提出为了安定人心，

1　《容斋随笔》卷3《国忌休务》；《燕翼诒谋录》卷2；《历代名臣奏议》卷195《戒佚欲》。

2　《长编》卷17；《宋会要》职官60之15。

"请休务如故，无使外夷窥朝廷浅深"，乃决定恢复旬假[1]。宋高宗建炎初年，因战事频繁，凡遇旬休和其他假日，百官照常入局治事。稍后，改为每月最后一天休务。至绍兴元年（1131年），下令朝廷各司每旬仍休息一天，但其他假期依旧停放。宁宗时，《庆元条法事类》"节假"中规定，每旬放假一天[2]。

（4）外官上任假

宋代沿袭唐制，外官上任规定期限，"限满不赴者"有罚[3]。官员接受新的差遣后，有一定的假期休息，然后赴新任。太宗淳化二年（991年）正月，下诏京朝官"厘务于外者，受诏后给假一月浣濯，所在州府以赴上日闻，违者有罪"。真宗咸平元年（998年）十二月，又下诏京朝官被差任知州、通判知军、监县场及监临物务者，在差遣确定后，"不得更赴朝参"，即不得继续在京城逗留，"限五日朝辞"。除去路途上的时间，再与一个月的假期。如果到任超假三天以上，"别具闻奏"，即朝廷将依法加以惩罚[4]。

1　《长编》卷126，卷127。
2　《宋会要》职官60之15；《要录》卷41；《庆元条法事类》卷11《职制门八·给假》。
3　窦仪：《重详定刑统》卷9《职制律》。
4　《燕翼诒谋录》卷3《外官给告浣濯》；《宋会要》仪制9之8。

（5）法官给假

宋代有些官员因职务特殊，平日公事繁忙，每逢假日，只得照常办公，或者另外补假。如仁宗天圣二年（1024 年），因审刑院案牍较多，遇到天庆、乾元等五节，仅三天暂停奏申大辟公案；其他公案，仅在这五节的当天"住奏"。哲宗时，户部遇到假日，还派少数官吏去审理杖以下的一些案件[1]。推想假日不休的官员当有补假的办法。

（6）特殊给假

在特殊情况下，朝廷临时给官员休假。如真宗在大中祥符七年（1014 年）二月，从亳州回京城，特赐随驾"东封西祀"的文武官员休沐假三日[2]。仁宗次子赵昕在庆历元年（1041 年）病死，仁宗停止视朝五日，表示哀悼。庆历六年（1046 年）三月，在御试完毕，公布录取进士诸科名单后，下诏"依宴后一日例，放歇泊假一日，前、后殿不坐，永为定式"。同年四月，仁宗赴金明池，并刘麦和各处游宴，下诏第二天"并放歇泊沐务假，并后殿不坐，永为定式"[3]。皇帝不坐殿办公，有关官员即放朝假，且可"歇泊"一天。南宋时，在御试唱名后，也给有关考

---

1 《宋会要》职官 15 之 30—31；《长编》卷 102，卷 477。

2 《宋会要》职官 60 之 15。

3 《长编》卷 131；《宋会要》选举 8 之 33，职官 60 之 15。

试的官员放歇泊假三天[1]。

2. 官员的私假

宋代官员的私假名目很多，也形成一定的制度。同时，官员的大部分私假实际享受公假的待遇。

（1）官员的婚嫁假

据《庆元条法事类》记载，官员自身结婚，朝廷规定给假九日。官员的期亲（如亲兄弟、姊妹、侄子、叔父等）结婚，给假五日；大功亲（如孙、堂姊妹、堂兄弟等）婚嫁，给假三日；小功亲（如堂侄、堂孙、堂姑等）婚嫁，给假二日；缌麻亲（如堂侄孙、曾孙、玄孙等）婚嫁，给假一日。对于有些官员的婚嫁假，因其职务繁忙，朝廷另有规定。如太宗淳化三年（992 年），规定大理寺断官"婚姻亦假三日"[2]。

（2）官员的丧葬假

宋代提倡孝道。宋初法律规定，人们如闻父母丧或周亲尊长、大功以下尊长丧而"匿不举哀者"，将受到严惩[3]。对于官员，自然更要求严格遵行。文官遇父母亡故，

1　周必大：《文忠集》卷 7《次韵陈叔晋舍人殿试笔记》。

2　《庆元条法事类》卷 11《职制门八·给假》；《宋会要》职官 24 之 2—3。

3　《重详定刑统》卷 10《职制律·匿哀》。

一般都要解除官职，持服三年（实际为二十七个月）。武官遭父母丧，宋初照例不解除官职，也没有给假的日限。至仁宗天圣八年（1030年），开始规定，武臣遇父母丧，卒哭（即死后第一百天）后，便允许朝参。实际上，规定三司副使以上及班行使臣，遭父母亡故，都给假一百天[1]。嘉祐四年（1059年），由于武臣普遍"不持丧"，这种情况引起了朝廷大臣们的注意，于是经过两制和台谏官的商议，决定阁门祗候、内殿崇班以上持服，供奉官以下不必持服。哲宗元祐七年（1092年），又下诏命武臣丁忧者，现任管军处或担任路分总管、钤辖、都监、知州县城关使、县尉、都监、寨主、监押、同巡检、巡检驻泊、巡防驻泊及管押纲运大使臣等，皆不解除官职（其中系沿边任职和押纲者，给假十五日），一律给假百天。此外，原来不应解除官职而自愿解除官职行服者，除沿边任职者须奏申朝廷待批外，一概准许[2]。孝宗时，"吏部选法"规定，小使臣遭丧不解除官职，给"式假"一百天。内侍官丁忧时，也如此给假。不过，这时又补充规定，凡小使臣中荫补子弟、取应宗室，武举出身人，捧香、戚里、宗室女夫

1　《长编》卷109，卷177。
2　范镇：《东斋记事》卷2；《长编》卷470。

等"诸色补官"人,"皆合遵三年之制"。宁宗时,《庆元条法事类》规定,"武臣丁忧,不解官",给假一百日;其中正在"缘边任使"、"押纲"者,给假十五日,一般"非在职"的文官遭丧,按亲等给假:期亲三十日,大功二十日,小功十五日,缌麻七日,降而服绝三日;其中"无服之殇"(指未满八岁而夭折,无丧服之礼),期亲五日,大功三日,小功二日,缌麻一日。下葬时,期亲五日,大功三日,小功二日,缌麻一日。除服(脱去丧服,不再守孝)时,期亲三日,大功二日,小功、缌麻一日。一般在职的文官遭丧:期亲给假七日,大功五日,小功、缌麻三日,降而服绝、无服之殇一日。遭本宗及同居无服亲之丧,给假一日。"丁忧不解官"时,至大祥(父母丧后二十五月的祭名)和小祥(父母丧后十三月的祭名)七日,禫(父母丧后二十七月的祭名,从此免除丧服)五日,卒哭(父母丧后一百天)三日,朔、望各一日[1]。

对于有些职务忙碌的官员,朝廷在丧假方面有特殊的规定。如真宗天禧元年(1017 年)规定,在京城的场、务、坊的监官,遇期亲丧,给假五日,闻哀二日;遇大功或小功丧,给假三日,闻哀一日;遇缌麻亲丧,

---

1 《宋会要》礼 36 之 37;《庆元条法事类》卷 11《职制门八·给假》。

给假一日[1]。

有关官员的丧葬假，还有一些具体的规定，其中比较重要的有：一、"诸遭丧给假，以遭丧日为始；闻丧者，以闻丧者为始"。规定了丧假起始的日期。又规定"闻丧"给假比"遭丧"减少三分之一。二、沿边任职而"遇军期者"，不给祥、禫、卒哭、朔望假。三、凡丧、葬在他处者，在职官不准离任；如欲奔赴或护丧，如能在自己婚嫁中还假者，允许离任。"非在职人"，仍加给路程假[2]。

（3）官员的私忌假

宋太祖开宝九年（976年）规定，"应常参官及内殿起居职官等，自今刺史、郎中、将军以上，遇私忌请准式假一日"。真宗景德三年（1006年），下诏"文、武官私忌并给假一日"，"忌前之夕，听还私第"[3]。扩大至所有官员遇私忌，都给假一日。仁宗庆历初，因西北边境战事吃紧，暂停在朝宰执等私忌假，至庆历五年（1045年）六月才依旧。"私忌"一般是指官员亲生父母的忌日。神宗"元丰令"规定："诸私忌给假一日，逮事祖父母者准此。""逮"指"及"，即"谓生而及见祖父母者也"。到宁

1　《长编》卷89。

2　《庆元条法事类》卷11《职制门八·给假》。

3　《宋会要》仪制13之31；《长编》卷17。

宗时，更明确规定私忌是指祖父母和父母的忌日，祖父母内还包括"逮事曾、高同"[1]。

（4）官员的病假

宋代官员请病假，法律上称"寻医"。官员申请寻医，必须找两名同级现任官员担保，保证其"别无规避"，所在官署验实保明，奏申朝廷。在任的官员寻医，实际上给予病假一百天。满一百天后，如继续请假，所在官署"勘验"确"无规避"，即准许离任，然后申报原来差举的官署。其中通判、路分都监以上，要具奏听旨。暂时没有差遣的寄禄官，则申报御史台。官员在赴阙或赴任、请假、离任等途中患病后痊愈，经所在州衙自陈验实，发给公凭，申报原任官署。如病假满一百天，或者已经痊愈，而续假累计达二百天以上，则申报在京所属官署。官员犯赃而装病寻医者，依照"诈疾病有所避律"加罪两等，监司和郡守"徇情故纵者"与之同罪[2]。

（5）官员的探亲等假

现任官员遇父母患病、病危而请探亲假，应离任"省视"者，由所属官署查明，除去路程外，给假最多不超过

---

1 《长编》卷156；《文昌杂录》卷5；《庆元条法事类》卷11《职制门八·给假》。

2 《庆元条法事类》卷11《职制门八·寻医侍养、给假》。

一个月。离任后，申报吏部。如遇"急难"或搬家，须离任者，也查实确"无规避"，保明申报吏部[1]。

除上述有关官员的公假和私假的许多具体规定以外，还有一些较为重要的规定。诸如：一、按照宋高宗绍兴六年（1136 年）二月敕的规定，凡官员以三年为任者，允许每任请假两个月；以二年为任者，允许每任请假一个月。超假时间的俸禄、职田租米之类，一概停发；如违，以贪赃论处。二、"考课令"规定，"诸准格令给假（谓应给而非乞假者），其月、日理为在任"。表明凡官员在"式假"以外所请之假，在考课时不计入其任职时间内[2]。三、官员请事假或延长假期，要事先向主管官署或吏部递呈札子，写明请假或展期的理由[3]。

（二）军队的休假制度

军队的休假，也形成一定的制度。如宋宁宗时，《嘉泰事类》"军防格"规定，每遇寒食节，"诸军住教三日"；遇中元节，"诸军住教一日"[4]。

1　《庆元条法事类》卷 11《职制门八·寻医侍养、给假》。

2　《庆元条法事类》卷 11《职制门八·给假》。

3　方逢辰：《蛟峰文集》卷 1《乞假札子》、《抵家乞宽假一月》。

4　《岁时广记》卷 16《寒食下》，卷 30《中元下》。

（三）学校的休假制度

学校的休假制度，从北宋到南宋逐步严格。仁宗庆历二年（1042年），王洙上疏指出，当时国子监"殊无国子肄习之法，居常讲筵无一二十人听读者"。建议凡在本监听读的生徒在授业的学官处"亲书到历。如遇私故出入，或疾告归宁，并于判监官处具状乞假，候回日，于名簿开记请假日数。若满一周年已上，不来参假者，除落名籍"[1]。表明允许国子生连请一年的长假，但如果超过一年而又不来国子监销假，即予除名。庆历四年（1044年），正式设置太学。至徽宗时，太学生有病得向所在的斋请假，称"斋假"；因故暂时不能上学，应请"长假"。南宋时，依旧实行太学生请长假超过一年者，必予除籍的规定[2]。

南宋太学和武学还放节假。上巳，太学放假一日，武学三日；清明，太学放假三日，武学一日。对上述"两学暇日"，南宋学者周密也觉得"殊不可晓"[3]。

至于各地州学，同样也有一定的请假制度。仁宗至和元年（1054年）制定的京兆府（治今陕西西安）"小学规"

---

1 《宋会要》崇儒1之29。
2 《宋会要》选举4之13、16之12。
3 《癸辛杂识》后集《两学暇日》。

规定："应生徒依府学规，岁时给假，各有日限。如妄求假告及请假违限，并关报本家尊属，仍依例行罚。"徽宗时，"学制甚严"，蔡州州学的学生七八人在"黄昏潜出游，中夕乃还"，他们"未尝谒告，不敢外宿"[1]。

（四）其他人员的休假制度

宋代其他人员的休假制度，主要是编配囚徒和服役丁夫以及一般的"工作"人员等休假的规定。

宋宁宗时，《庆元条法事类》"假宁令"规定："诸配流、编管、羁管移乡人，在道闻祖父母、父母丧及随行家属有疾，或死若产者，申所在官司，量事给住程假。"[2]允许被判配流、编管、羁管而移乡的人（主要是官员），在路途中得悉祖父母、父母亡故，或者随行家属患病、亡故、生产时，申报所在官署，酌情给予"住程假"。同书"假宁格"规定，"流囚居作"者，每旬给假一日，元日和寒食、冬至各给假三日[3]。

对于服役的丁夫，官府也给予一定的休假时间。如真宗大中祥符六年（1013年），下诏"诸煎盐井役夫，遇

1 《夷坚丙志》卷13《蔡州禳灾》。
2 《庆元条法事类》卷11《职制门八·给假》，卷75《编配流役》。
3 《庆元条法事类》卷11《职制门八·给假》。

天庆等四节并给假"。哲宗元祐四年（1089年）六月，因大热，特"给在京工役假三日"。绍圣四年（1097年）六月，哲宗亲自批示："为暑热，应在京工役去处，并放假三日。"[1]宁宗时，《庆元条法事类》规定，凡"役丁夫"，元日、寒食、冬至、腊日各放假一日[2]。

对于从事一般"工作"的工匠，也定期给假。真宗景德四年（1007年），始"诏诸处钱监铸匠，每旬停作一日；愿作者，听之"。规定各官办的钱监铸匠每旬休假一天，如不愿休假，也允许。宁宗时，《庆元条法事类》规定，"工作"人每逢元日、寒食、冬至三大节各休假三日，逢圣节、每旬、请衣、请粮、请大礼赏各休假一日[3]。

二、金朝的休假

金朝建国后，逐渐仿效辽宋旧制，实行官员的休假制度。官员的休假方式大致有三，一是免朝或辍朝，即皇帝不坐殿视事，官员免予朝参。二是休务或废务，即官署停

1　《长编》卷81，卷429，卷489。
2　《庆元条法事类》卷11《职制门八·给假》。
3　《长编》卷67；《庆元条法事类》卷11《职制门八·给假》。

止办公。三是正式休假。

（一）免朝或辍朝

金代皇帝往往是在朝廷举行隆重的典礼、重要人物丧葬、天气或天象异常等情况下决定免朝或辍朝的。

金世宗大定八年（1168 年）正月九日，敕旨："自今后凡享太庙行礼日免朝。"大定九年，重申祭太社稷行礼的当日，皇帝"皆不视朝"。这是每逢朝廷举行重大典礼时，皇帝免朝。

金熙宗皇统二年（1142 年），太师完颜宗幹（斡本）死，薛王完颜宗强（阿鲁）死，皆临时"辍朝七日"。又规定凡平章死，"辍朝三日"。皇统九年，太师完颜宗弼（兀术）死，"辍朝三日"。大定十三年（1173 年）、大定十五年，"奉安"昭德皇后（金世宗皇后乌林答氏）、武灵皇后于别庙，"亦免朝参，似此百官行礼，其日并免朝"。大定十九年，改葬昭德皇后，"前后各一日不视朝，废务"。又规定"自来凡遇妃主、大臣薨逝及出葬，并辍朝废务"[1]。金章宗明昌元年（1190 年）元旦，"以世宗丧，不受朝贺"。明昌二年正月，皇太后徒单氏，太师、尚书令

---

1 《大金集礼》卷 32《辍朝》。

徒单克宁连续去世，金章宗停止视朝，直至二月才继续视朝处理公务[1]。

金世宗大定三年（1163年）六月一日，日蚀。朝廷"依旧典故，太阳亏，有司预奏皇帝不视事，百官各守本司，不治务，过时乃罢。自后以为常式"。大定十五年，敕旨进一步规定："后每遇太阴、太阳亏蚀，并免朝。"[2]说明在日蚀、月蚀时，皇帝不登殿视事，百官免朝，各在官署坚守，停止办公；日蚀、月蚀过后，继续办公。有时，遇到天降大雪或者暑热，免予朝参。如金宣宗兴定四年（1220年）五月，"以时暑，免常朝，四日一奏事"[3]。

（二）休务或废务

金代各级官署每逢国忌、宗庙从祀、皇后改葬、皇太子丧葬等时，休务一日或数日。

金世宗大定二年（1162年）五月，臣僚奏请睿宗皇帝（完颜宗辅，世宗的生父）忌辰，是否废务。世宗批示："废务，仍为定制。"同月，贞懿皇后（世宗的生母李氏）忌辰，"亦废务，过大祥后不废"。大定十九年，臣

1 《金史》卷9《章宗一》。
2 《大金集礼》卷32《辍朝》。
3 《金史》卷12《章宗四》，卷16《宣宗下》。

僚奏请太祖（阿骨打）和太宗（吴乞买）、睿宗"忌辰并废务"，"今来世祖皇帝（按即劾里钵，金太祖之生父）五月十五日忌辰，有无合行一体废务"，世宗依奏。大定二十六年，决定金熙宗忌辰，官署"亦废务"[1]。

金代"自来宗庙从祀，并原庙、别庙奉安尊享，及凡庆慰等礼数用百官者，并废务"[2]。这是因为文武百官到时要参加这些重要典礼，所以各官署不得不停止办公。

一些重要人物丧葬时，除官员免朝外，各官署也废务。如海陵王贞元三年（1155年）十二月，太傅、领三省事大臭死，朝廷"命有司废务及禁乐三日"。世宗大定十九年（1179年），改葬昭德皇后，"前后各一日废务"。大定二十五年，皇太子死，"废务、禁乐三日"。又规定这些活动"但用百官祭殿行礼日，亦废务。其发引并葬日，并废务、禁乐"[3]。

（三）正式休假

金代官员的正式休假，有节假和旬假、国忌假、私忌假、婚假、丧假、病假、探亲假、特准假等。虽然，直到金章宗承安五年（1200年）十月，"初定百官休假

1　《大金集礼》卷32《废务》。

2　《大金集礼》卷32《废务》。

3　《金史》卷5《海陵》；《大金集礼》卷32《废务》。

（格）"，但金熙宗天眷二年（1139 年）已经由"详定所定到仪式"，其中一款规定了旬休和节序假宁休务日[1]。

官员的节假，天眷二年"详定所"规定：元正、冬至、寒食各节前后，"其休务三日"。上元、立春、秋社、上巳、端午、三伏、立秋、重阳、授衣（九月一日），"各休务一日"。其后，又补充规定夏至、中元、下元各休假三日，人日、中和节、七夕、春分、立夏、立冬各休假一日。海陵王天德二年（1150 年），朝廷认为"内外官司自来准式休假颇多，不无旷废官中事务"，乃决定减少假期，仅年节即元旦前后各给假一日，共三日；清明、冬至，各一日；"其余节辰，并不给假"。到金世宗大定二年闰二月，认为节假过少，又决定清明节给假三日，"尚书省相庆（度），各给清明前二日，共三日"。十一月，进一步决定元日、寒食的前后各给假一日，实共三日；冬至、立春、重五、立秋、重九"各给假一日"。在金朝亡国后成书的《大金国志》记载，金代"周岁节假日仪"中规定，元日假三日，前后各一日；寒食假五日；冬至、立春、重五、立秋、重九，各给假一日[2]。

1　《金史》卷 11《章宗三》；《大金集礼》卷 32《休假》。
2　《大金集礼》卷 32《休假》；《大金国志》卷 35《杂色仪制》。

官员的旬假和国忌，天眷二年"详定所"规定：每月三旬和国忌，各休务一日。此后，直至金末，未有变化[1]。国忌休假的时间，有时由皇帝随意延长。如海陵王贞元元年（1153年），皇太后大氏病死，下诏尚书省："应随朝官至五月一日方治事"，"外路自诏书到日后，官司三日不治事"[2]。

官员的私忌假，到金章宗明昌元年（1190年）才正式规定：凡内外官并诸局承应人，遇祖父母、父母的忌日，皆给假一日[3]。

官员的婚娶假，至金世宗大定十七年（1177年）规定：朝官嫁娶给假三日，"不须申告"[4]。

官员的丧假，在海陵王贞元元年规定，内外官凡闻大功以上亲戚丧，只给当日假；如是父母丧，"听给假三日"，"著为令"。金章宗泰和五年（1205年），规定："制司属丞，凡遭父母丧，止给卒哭假，为永制。"[5]据宋人记载，"虏法，文武官不以高下，凡丁家难，未满百日，皆差监关税、州商税院、盐铁场，一年为任，谓之优饶"。

官员的病假，朝廷规定一次限请一百天。一百天内俸禄照发，超过一百天，则停发。金世宗大定十七年（1177 年），宰相纥石烈良弼请病假满百日，世宗下诏"赐告"即特准延长病假日期，并"遣太医诊视"[1]。

官员的探亲假等，往往是出由皇帝特准。如金章宗明昌四年（1193 年），右丞相夹谷清臣上表请求退闲，章宗不允，特批"赐告省亲"，给假五十日，"驰驿以往，至彼可为一月留也"。除去路程二十日，实际探亲时间为三十日。明昌三年，参知政事夹谷衡"久在告"，"承诏始出"，章宗见其"羸瘠"，"复赐告一月"[2]。

（四）其他人员的休假制度

金代官员以外，各级学校以及工役场所也有一定的休假制度。各级学校规定："遇旬休、节辰皆有假，病则给假，省亲远行则给程"，遭丧也给一百日的假[3]。金宣宗兴定四年（1220 年）五月，特命工部"暑月停工役"[4]。

1　洪皓：《松漠纪闻补遗》；《金史》卷 58《百官志四》，卷 88《纥石烈良弼传》。

2　《金史》卷 94《夹谷清臣传》《夹谷衡传》。

3　《金史》卷 51《选举志一》。

4　《金史》卷 16《宣宗下》。

第六章

民间家族组织

经过唐末农民战争的扫荡和五代十国时期的战乱，门阀士族遭到毁灭性的打击，旧式的以血缘为纽带的宗族组织随之崩溃，族人星散，封建宗法关系松弛。残存的士族后裔，因为亡失家谱，世系中绝，谱牒之学日趋衰落。谱牒之学本是门阀士族用来炫耀自己贵族血统的一门学问。郑樵指出，隋、唐而上，官府有簿状，私家有谱系，选举官员必据簿状，私家婚姻必依谱系。历代还设图谱局，凡百官和族姓的家状，上交官府，为之考定详实，从而使"贵有常尊，贱有等威"，所以"人尚谱系之学，家藏谱系之书"。但在门阀士族退出历史舞台后，"取士不问家世，婚姻不问阀阅"[1]，既无人修谱续牒，又无人试图利用旧式的门阀士族血统来谋求政治和经济上的特权。因此，到北宋初期，即使"名臣巨族"，也"未尝有家谱"[2]。由

1　郑樵：《通志》卷 25《氏族略第一·氏族序》。

2　欧阳修：《集古录跋尾》卷 3《后汉太尉刘宽碑阴题名》。

于士大夫不讲究谱牒，世人也不载，"由贱而贵者耻言其
先，由贫而富者不录其祖，而谱遂大废"[1]。一般庶族地主
（宋称官僚地主）因为出身微贱，不愿追述自己的祖先，
无从追溯自己的世次。同时，地主士大夫正陶醉于新王朝
的太平盛世而怡然自得，尚未感到需要重新建立一种新的
封建家族组织。契丹族在建立辽朝后，对境内的部族实行
新的编制，以加强对本族和其他被征服的游牧、渔猎各族
部落的统治。这些新的部落组织由国家任命的官员管理，
各自有固定的居住区域。这些部落组织不同于封建的家族
组织。

　　宋代的政治制度和经济制度决定了一般官员、地主都
不享有世袭固定官职和田产的特权。到仁宗时期，有些敏
感的士大夫逐渐意识到自己各个家庭的政治地位和经济地
位的不稳定性，于是就产生了一种需要，即在封建国家的
强力干预之外，寻找某种自救或自助的办法。同时，由于
农民对地主的人身隶属关系相对松弛，地主阶级也正需要
寻找一种补充手段，以便加强对于农民的控制。这个办法
或手段，就是利用农村公社的残余，建立起新的封建家族
组织。

1　苏洵：《嘉祐集》卷14《谱例》。

　　宋仁宗皇祐、至和间（1049—1056 年），欧阳修和苏洵不约而同地率先编写本族的新族谱，并且提出了编写新族谱的方法；范仲淹也在苏州创建义庄，以其田租供养族人。这时，理学家张载、程颢、程颐等人也推波助澜，大力宣传造家谱和立"宗子之法"的好处。在这些著名政治家和学者的倡导和推动下，新的封建家族组织便在各地陆续建立起来。

　　地处北方的金朝，其猛安、谋克最初是女真族的氏族部落组织，猛安代表部落联盟中的部落，谋克代表氏族。在攻灭辽朝和北宋的过程中，猛安、谋克迅速由氏族组织转化为奴隶制下的军事组织。建国后，基本规定每三百户为谋克，每十谋克为猛安[1]，逐步变成一种以地域来划分的生产单位和基层军事组织，散落于汉族的州县之间。受汉族封建租佃制的影响，女真猛安、谋克出卖奴隶，将所占土地出租，收取田租，但他们仍旧四五十户"结为保聚，农作时，令相助济"[2]，维持着类似汉族的一个个封建家族。具体情况不详。

　　以下介绍宋代民间家族组织情况。

1　《金史》卷 44《兵志·兵制》。
2　《金史》卷 46《食货志一·户口》。

一、小宗之法

中国古代的家族组织都实行宗法，笼罩着一层温情脉脉的宗法关系的纱幕。宋代士大夫十分重视封建宗法统治。苏轼认为，秦、汉以后，由于官爵不能世袭，"天下无世卿"，"大宗之法不可以复立"，而可以用来收合亲族的"小宗之法"也存而不行，因此，北宋时民间习俗"不重族"，完全是"有族而无宗"的缘故。"有族而无宗"，族便不能收合，族人不能相亲，从而忘记祖先。如今"公卿大臣、贤人君子"的后代，不能"世其家如古人之久远者"，是因为"其族散而忘其祖也"[1]。张载提出，今天富贵者只能维持三四十年，身死之后"众子分裂"，家产"未几荡尽"，于是"家遂不存"，这样一来，"家且不能保，又安能保国家"！如果"宗法不立，则人不知统系来处，……无百年之家，骨肉无统，虽到亲，恩亦薄"。"宗法若立，则人人各知来处，朝廷大有所益。"他赞成立嫡长子为"大宗"，又赞成实行"继祢之宗"即小

1　苏轼：《苏东坡应诏集》卷3《策别十三》。

宗[1]。苏洵和欧阳修在提出编写族谱的方法时，明确主张实行"小宗之法"。程颐在议论祭祀制度时，主张在不同节序分别祭始祖、先祖、祢，而常祭则祭高祖以下，实际上综合了大宗和小宗之法。苏轼认为："莫若复小宗，使族人相率而尊其宗子。宗子死，则为之加服；犯之，则以其服坐，贫贱不敢轻，而富贵不敢以加之，冠婚必告，丧葬必赴，此非有所难行也。"他进一步指出："天下之民，欲其忠厚和柔而易治，其必自小宗始矣。"[2]朱熹在《家礼·通礼》中，规定在祠堂中设龛以奉"先世神主"，虽然其中也提出"大宗"的设龛法，但又声明如果大宗"世数未满"，则仿"小宗之制"；同时，规定祭祀止于高祖以下四代（高祖、曾祖、祖、父），因此实际上仍然是实行"小宗"制度。这一祭祀高祖以下四代的主张，成为南宋后期的民间习俗。

　　宋代地主阶级一般不实行世袭制度，官爵不能世袭，这一制度决定了除皇室家族组织同时行用大宗、小宗之法以外，民间家庭组织只能实行小宗之法。

1　《张载集·经学理窟·宗法》。
2　《河南程氏遗书》卷18《伊川先生语四》；《苏东坡应诏集》卷3《策别十三》。

二、宗子（族长）

宋代民间家族组织常常选立官僚地主为宗子（族长），形成以官僚地主为核心的宗族势力。

宋代以前的家族组织主要是按姓氏和门第论高下的世家大族，比较严格地按照嫡长继承制选立宗子。但宋代的民间家族组织则不强调这一点，而更多地从地位、财力、才能等方面考虑，选立本族中地位、财力、能力等最高的官僚地主，这是因为宋代重新建立的民间家族组织，一般是由官僚地主倡导，然后经过修族谱、置族产、订族规等过程而组成的。张载在立"宗法"上，虽然认为实行"大宗"或"小宗"法均可，但他更主张由有官职的族人当"宗子"来继承祭祀。他认为如果嫡长子"微贱不立"，而次子为"仕宦"，则不问长少，须由士人来当宗子，继承一家的祭祀。"大臣之家"也要照此实行，如果以嫡长子为"大宗"，就应根据家计尽力保证抚养"宗子"，再将剩余"均给族人"；"宗子"还应专请士大夫来教授；要求朝廷立法，允许族人将自己应升的官爵转赠"宗子"，或者允许族人将奏荐自己子弟的恩泽给与"宗子"。张载还把立宗法提到"天理"的高度[1]。二程也说过与张载"明谱系世族与立宗子法"相同的话。他们还提出"夺宗法",主张让官位高的族人取代原来的"宗子",他们说:"立宗必有夺宗法。如卑幼为大臣,以今之法,自合立庙,不可使从宗子以祭。"[2] 程颢还主张"宗法须是一二巨公之家立法",选择宗子,像唐代一样建庙院,不准分割祖产,派一人主管[3]。张载、二程的"宗法"显示,他们改变了古代选立宗子的旧标准,而提出了新标准。这一新标准透露出宋代地主阶级所要建立的新的家族组织,是以"仕宦"即官僚地主为核心力量,受到官僚地主的控制,其根本目的是要保证各个官僚地主家庭能够传宗接代、永世不绝,并且借此来巩固赵宋王朝的封建统治。

三、族　产

宋代民间家庭组织以一定数量的族产作为物质基础。

宋代官僚地主为了解决各个家庭经济地位的不稳定

---

1 《张载集·经学理窟·宗法》。
2 《河南程氏遗书》卷 6《二先生语六》;《二程外书》卷 11。
3 《河南程氏遗书》卷 17《伊川先生语三》,卷 15《伊川先生语一》。

性，以及为了模糊农民的阶级意识和培植本族的政治势
力，以购置族产作为宗族结合的物质基础。仁宗庆历间
（1041—1048 年）至皇祐二年（1050 年），范仲淹在苏州
长洲、吴县置良田十多顷，将每年所得租米，自远祖以下
各房宗族，计口供给衣食及婚嫁、丧葬之用，称"义庄"。
由各房中挑选一名子弟掌管，又逐步立定"规矩"，命各
房遵守。范仲淹亲自定下"规矩"十三条：各房五岁以上
男女，计口给白米，每天一升；冬衣每口一匹，五岁到十
岁，给半匹；族人嫁娶、丧葬，则分等给现钱。在以后
的"续定规矩"中，进一步规定：义庄的经济管理有相对
的独立性，即使"尊长"，也不得"侵扰干预"义庄掌管
人或勾当人"依规处置"；族人不得借用义庄的人力、车
船、器用，不得租佃义田，不得以义宅屋舍私相兑赁质
当，不得占据会聚义仓；义庄不得典买本族人田土，遇有
外族人赎回土地，即以所得价钱于当月另行典买[1]。这些规
定都是为了保证义庄经济的稳定和巩固，尽量避免因本族
人的侵欺而破败。在范仲淹死后，义庄田产逐渐增多。到
宁宗时，曾有族人购置田租五百多石的土地，称"小庄"，

---

[1]　范仲淹：《范文正公集》附录《建立义庄规矩》。

用以"补义庄之乏"[1]。理宗时，范氏义庄田产增加到三千多亩[2]。范氏义庄还得到封建国家的保护。英宗治平元年（1064 年），宋朝特降"指挥"，允许在范氏各房子弟违犯义庄规矩而本家"伸理"时，由当地官府"受理"[3]。

范氏义庄的建立，为宋代民间家族组织树立了典范。从此，许多官员竞相仿效，独自置田设立义庄，成为当时十分光彩的一种义举。北宋后期，官员吴奎、何执中、官员遗孀谢氏[4]等出钱买田或割己田宅为"义庄宅"，以供祭祀、赡养族党子弟，"永为家规"。这时，封建国家也立法，规定每名太中大夫（文阶从四品）、观察使（武臣正五品）以上官员，可占"永业田"十五顷，由官府发给"公据"，改注税籍，不许子孙分割典卖，只供祭祀；有余，均赡族人[5]。鼓励高级官员置办义田庄性质的"永业田"，以保证高级官员世代富裕。南宋时，义庄迅速增多。官员赵鼎、汤东野在规定其子孙不得分割田产、世代永为

1　清乾隆本《范氏家乘》卷 5《贤裔传·宋赠朝议大夫、次卿公（良遂）传附持家传》。

2　《范文正公集》附录《朝廷优崇·与免科徭》。

3　《范文正公集》附录《建立义庄规矩》。

4　《宋史》卷 316《吴奎传》，卷 351《何执中传》；张衮：《嘉靖江阴县志》卷 18《列女》。

5　《长编》卷 414，元祐三年九月乙丑；卷 478，元祐七年十一月甲申。

一户的同时，又亲自出钱买田为义庄，以供给"疏族之贫者"。官员楼璹在明州买田五百亩，立名义庄，订出"规约"，由四个儿子轮流主持[1]。

范氏义庄是由官员独立置田兴办的，这是族产的一个来源。另一个来源，是由族人共同筹田建立。官员汪大猷在庆元府鄞县率先捐田二十亩，作为本族的义庄，族众"皆欣劝"。家铉翁与本族地主相约，按照范氏义庄的标准，由"族大而子孙众多者"，推举一人为"约主"，以十年为期，买田为义庄，使"仕而有禄食者，居而有余财，各分其有余以逮其不足者"。沈涣也在鄞县本族中倡导兴办义田，"乐助者甚众"，得田几百亩[2]。此外，还通过祖传产业、户绝财产、官府赏赐等途径获得族产。

宋代的族产一般沿用范氏义庄的"义田"、"义屋"等名称。有些地区称为"公堂田"。江西抚州金溪县陆九渊的宗族，置有"公堂之田"，供给全族一年之食，"家人计口打饭，自办蔬肉"[3]。有些地区还设置另一种族产，称为

1 赵鼎：《忠正德文集》卷10《家训笔录》；《要录》卷96；王元恭：《至正四明续志》卷8《学校》。
2 《宋史》卷400《汪大猷传》；家铉翁：《则堂集》卷2《积庆堂记》；袁燮：《絜斋集》卷14《通判沈公行状》。
3 罗大经：《鹤林玉露》卷5。

"祭田"或"蒸尝田"。朱熹在《家礼》中主张初立祠堂，即置祭田，由宗子主持，供给祭祀之用，不得典卖。朱熹的弟子黄榦，在福州的古田等处置祭田四亩多，每年收租谷十六石，充祭祀之用。规定先在每年租谷内拨六石充祭祀的经费和纳税，交族长掌管；所余谷物积存起来，十年后即以增置田产，轮流赡养宗族中贫乏者。黄榦把所置祭田称为"蒸尝田"。福州福清人陈藻也说："今自两府而至百姓之家，物力雄者，则蒸尝田多。其后子孙繁庶，而其业依律以常存，岁祀不乏。"[1] 说明福州以及建宁府[2]等地都设祭田或蒸尝田作为族产。祭田或蒸尝田主要用来祭祀祖先，与义田的效用不尽相同。

　　以义田为中心，各地区官员还为本族举办"义学"、"义田塾"，聘请教师以训族里子弟[3]；设置"义禀（廪）"，资助"仕进及贤裔贫者"；设置"义冢"，以葬宗族的贫苦者[4]。

1　朱熹：《朱子家礼》卷1《通礼·祠堂·置祭田》；黄榦：《勉斋集》卷34《始祖祭田关约》；陈藻：《乐轩集》卷8《宗法》。

2　《名公书判清明集》卷8《户婚门·立继》"嫂讼其叔用意立继夺业"。

3　田项：《尤溪县志》卷6《人物志》；曾丰：《缘督集》卷3《寄题项圣予卢溪书院》；《夷坚三志己》卷10《界田义学》。

4　刘松等：《隆庆临江府志》卷11；《朱文公文集》卷88《龙图阁直学士吴公神道碑》。

　　宋代地主阶级为了克服自身的矛盾，找到了设置族产这一非官方的解决方法。族产名义上是一族的公产，但实际上都被官僚、地主把持着。按照规约，族产只准添进，不准典卖，具有相当的稳定性，因此它的存在首先在一定限度内保证了官僚地主经济地位的相对稳定，也保证了一部分封建地主土地所有制的相对稳定。按照规约，族产都是以散财宗族、救济贫者和培养士人的名义建置的，还不准本族族人租种，其用意无非是要模糊农民的阶级意识，避免在族内发生阶级冲突；同时，借此培植本族政治力量，使本族地主豪绅成为当地的强大势力。有的义庄还规定：凡"患苦乡间，害及族党者，虽贫勿给；男婚越礼，女适非正者，虽贫勿助"[1]。这就剥夺了族内一些稍有反抗行为的贫苦农民分得义田一部分收益的权利，由此官僚地主得以加强对于族内贫苦农民的控制。

四、族　谱

　　宋代的民间家族组织依靠族谱来结合全族族人。

1　游九言：《默斋遗稿》卷下《建阳麻沙刘氏义庄记》。

　　宋以前的谱牒记录"世族继序"[1]，主要用来夸示门第，并由官方的图谱局记录副本，核实备案，作为任用官吏的依据。宋代不置谱官，族谱都由私家编修，主要用来"敬宗收族"，即结合、维持本族族人。与范仲淹在苏州举办义庄同时，即仁宗皇祐、至和年间，欧阳修、苏洵不约而同地最先编写本家的族谱，并提出了编写族谱的方法和体例。欧阳修将家藏旧谱与族人所藏诸本"考正其同异"，发现大抵"文字残缺，其言又不纯雅"。他看到"遭唐末五代之乱，江南陷于僭伪，欧阳氏遂不显"。他认为，"祖考"相传的"遗德"是"以忠事君，以孝事亲，以廉为吏，以学立身"，希望子孙"守而不失"，所以采用司马迁《史记》表和郑玄《诗谱》法作"谱图"，画出世系，传给族人。同时，把"安福府君"欧阳万以来的迁徙、婚嫁、官封、名谥及其行事等编成新族谱[2]。苏洵这时也编写了《苏氏族谱》，以便使后人观谱后，"孝弟之心可以油然而生"[3]。欧阳修、苏洵都采用"小宗之法"（五世以外则易宗）。欧阳修的"谱例"是："谱图之法，断自可见之世，即为高祖，下到五世玄孙而别自为世。"原则是以远近、亲

1　《旧唐书》卷 46《经籍志上》。

2　欧阳修：《居士外集》卷 21《欧阳氏谱图序》。

3　《嘉祐集》卷 14《谱例》《苏氏族谱》。

疏为别，"凡远者、疏者略之，近者、亲者详之"[1]。苏洵的"谱法"是："凡嫡子而后得为谱，为谱者皆存其高祖，而迁其高祖之父。"苏洵认为："独小宗之法，犹可施于天下，故为族谱，其法皆从小宗。"宋代官僚地主要想追溯五世以上的祖先事迹，往往遇到其间贫贱的几世，既缺少记载，又于族人脸上无光，因此最好的办法是只记五世，即用小宗之法。但是，对于皇室贵族而言，他们的政治和经济地位是比较稳定的，所以可以按照"大宗之法"（百世不迁）来编族谱。苏洵正是基于这种理由而提出"大宗谱法"的[2]。

欧阳修、苏洵编写族谱的目的是"收族"，即在区别远近、亲疏的基础上，结合本族的族人，即使有些族人"贫而无归"，也应由富者"收之"[3]。由此来结合、维持封建家族组织。

宋仁宗以后，欧阳修、苏洵的族谱成为宗谱形式的规范，影响极为深远。北宋后期，官员王安石、朱长文、游酢、程祁等都编有世谱或家谱[4]。南宋时，许多官员都

1　《居士外集》卷21《欧阳氏谱图序》。
2　《嘉祐集》卷14《族谱后录上篇》《大宗谱法》。
3　《嘉祐集》卷14《苏氏族谱亭记》。
4　王安石：《王文公文集》卷33《许氏世谱》；《新安篁墩程氏世谱》，程敏政述：《新安程氏统宗世谱序》等。

为本族编写族谱。据各种文集、方志以及《宋史·艺文志》、郑樵《通志·艺文略》等书记载，有曾丰《重修曾氏族谱》、方大琮《方氏族谱》、吴潜《吴氏宗谱》、欧阳守道《欧阳氏族谱》、游九言《游氏世谱》[1]，又有《三院吕氏世谱》《胡氏世谱》《陶氏世谱》《东平刘氏世谱》《赵清献家谱》《尤氏世谱》。这些族谱往往请著名的士大夫撰序或作跋，如文天祥曾为《燕氏族谱》写序，为《吴氏族谱》《彭和甫族谱》《李氏谱》作跋，又撰《李氏族谱亭记》[2]。陈亮为其家谱石刻写后记。黄震也为《姜山族谱》写序[3]。在新谱编成后，隔一段时间，即须续修，如江西丰城《孙氏世谱》在乾道九年（1173年）、庆元五年（1199年）、咸淳元年（1265年）三次增修，浙东淳安《桂林方氏宗谱》也在北宋末和咸淳十年（1274年）两经编修[4]。

　　宋代的族谱显然还属于开创阶段，一般考订不够精

1　《缘督集》卷17《重修族谱序》；方大琮：《铁庵集》卷31《方氏族谱序》等。

2　尤袤：《遂初堂书目·姓氏类》；《文山先生全集》卷9，卷10。

3　陈亮：《陈亮集》卷16《书家谱石刻后》；《黄氏日抄》卷90《姜山族谱序》。

4　吴澄：《吴文正集》卷32《丰城县孙氏世谱序》；方之连：《桂林方氏宗谱》卷1《序》。

确，同时数量也远比不上元、明、清各代。南宋末文天祥说："族谱昉于欧阳，继之者不一而足，而求其凿凿精实，百无二三。"原因是"士大夫以官为家，捐亲戚、弃坟墓，往往而是"，甚至苏轼也不免如此[1]。欧阳守道认为欧阳修所编族谱尚有粗疏之处，这是因为欧阳修"游宦四方，归乡之日无几，其修谱又不暇咨（谘）于族人"，所以谱中"虽数世之近、直下之流，而屡有失亡"。欧阳守道还认为，现今"世家"，也罕有族谱，虽然是"大家"，但"往往失其传"[2]。这反映直到南宋末年，族谱的编修还不十分普遍。

五、祠　堂

宋代的民间家族组织以祠堂作为全族祭祀祖先、举行重要典礼、宣布重要决定等活动的中心。

北宋初年，"士大夫崛起草茅，致通显，一再传而或泯焉，官无世守，田无永业"，即使官员也只在"寝堂奉先世神主"，不曾建立家庙[3]。仁宗庆历元年（1041年），

1　《文山先生全集》卷10《跋李氏谱》。
2　欧阳守道：《巽斋文集》卷19《书欧阳氏族谱》，卷11《黄师董族谱序》。
3　郭嵩焘：《校订朱子家礼》卷1《通礼·祠堂》按语。

开始允许文武官员，依照"旧式"建立家庙。皇祐二年（1050年），又规定正一品平章事、枢密使、参知政事等以上大臣建立家庙，其余官员祭于寝（室）。但是，由于有庙者的子孙可能因官低而不能承祭，朝廷又难以尽推"袭爵之恩"，因此此事不了了之。以后，必须朝廷下诏，少数大臣才得建立家庙[1]。北宋时，已经出现了一些"祠堂"。范仲淹死后，庆州、淄州长山县等地为表彰他的功绩，陆续为他建立纪念性的祠堂[2]。王安石死后，在江西抚州故居，当地官员建筑了"荆国王文公祠堂"[3]。范仲淹的义庄，也只建有功德寺。这些事实说明，宋代相当长的一段时间里，只有大臣因朝廷的特诏得以建立家庙[4]，一般家族组织都还没有建立祠堂。

宋代民间家族组织建立祠堂，把它作为全族的活动中心，应该说是从朱熹、陆九渊等人的提倡开始的。朱熹在《家礼》一书中开宗明义地宣扬设置祠堂的重要性，他认为这体现了"报本反始之心、尊祖敬宗之意，实有家名

---

1 《宋史》卷109《礼志十二·吉礼十二·群臣家庙》；《温国文正司马公集》卷79《文潞公家庙碑》云，文彦博在嘉祐四年秋最早建成家庙。

2 《范文正公集·褒贤祠记》卷1，卷2。

3 《象山先生全集》卷19《荆国王文公祠堂记》。

4 《东京梦华录》卷5《娶妇》条云，新人、新妇"至家庙前参拜"，但这一习俗只可能在贵族、大臣中实行。

分之守，所以开业传世之本"。由于当时一般士庶都不得立庙，为与家庙之制不致混淆，"特以祠堂名之"。他主张在居室之东建祠，由宗子主持，子孙不得据为己有。祠堂内设四龛，供奉高祖以下先世神主。他还规定了祠堂内设祭器以及祭祀的仪式、服装等[1]。这时，抚州金溪的陆九渊宗族已经为本族建立起"祖祢祠堂"，每天清晨，家长率领子弟"致恭"于此，"聚揖"于厅，妇女在堂上道"万福"；晚上安置也如此。祠堂不仅是祭祀祖先之处，族内有重要事情都要到这里来宣布决定，甚至族人每天要到这里请示、汇报。南宋时，有关祠堂的记载并不很多，到元、明以后就逐渐增多。

六、族　规

宋代的民间家族组织依靠"家法""义约""规矩"等条法即族规来统治族人。

从宋代开始，随着民间家族组织的重新建立，这类成文的或不成文的条规便逐步增多起来。北宋中期，京

---

1 《朱子家礼》卷1《通礼·祠堂》；《鹤林玉露》卷5。

兆府蓝田人吕大钧制定了《乡约》。吕大钧系张载的门
生。《乡约》要目有四：德业相劝、过失相规、礼俗相
交、患难相恤，详细地规定了自愿入约者应该遵守的事
项。南宋中期，朱熹又根据这一《乡约》及吕大钧其他
著作稍稍增损，撰成《增损吕氏乡约》，流行于世[1]。这一
《乡约》虽然不是民间家族组织的规约，但显然对"家
法""义约"等影响很大。吉州永新人颜诩，全族百人，
"家法严肃，男女异序，少长辑睦，匦架无主，厨馔不
异"。理宗时，台州黄岩县封建家族订有"义约规式"[2]。
绍兴府会稽县裴氏家族，同住一村中，世推一人为族长，
"有事取决，则坐于听事"。族长要制裁有过失的族人，就
用竹箄。竹箄是世代相传的[3]。饶州鄱阳县朱氏家族，该族
尊长每天聚集子弟"训饬"，"久而成编"，共分父母、兄
弟、宗族三部分，外族人"或疑其太严"。抚州金溪县陆
氏家族，由一位最长者任"家长"，总管全家之事。每年
选派子弟分管田畴、租税、出纳、厨炊、宾客等家事。公
堂田只供给米饭，菜肴各家自办。私房婢仆，各家自己
供给，准许交米附炊，每天清晨将附炊的米交到，管厨

---

1 《朱文公文集》卷74《增损吕氏乡约》。
2 《宋史》卷456《颜诩传》；杜范：《杜清献公集》卷17《跋义约规式》。
3 《燕翼诒谋录》卷5《越州裴氏义门旌表》。

炊者登记于历，饭熟，按历给散。宾客到，则先由主管宾客者会见，然后请家长出见，款以五酌，仅随堂饭食。每天早晚，家长领子弟到祠堂请安致礼。子弟有过，家长聚集众子弟"责而训之；不改，则挞之；终不改，度不可容，则告于官，屏之远方"。清晨，击鼓三叠，一名子弟高唱："听，听，听：劳我以生天理定，若还懒惰必饥寒，莫到饥寒方怨命，虚空自有神明听。"又唱："听，听，听：衣食生身天付定，酒肉贪多折人寿，经营太甚违天命，定，定，定！"[1]从唱词的内容看，可能出自陆九渊兄弟之手。

据宋人零星记载，族长是各个家族的统治者，掌有主管全族的一切权力。按照各族"规矩"，族长掌管义庄、祭田的收支[2]；族长到族人家里，必须坐在主位，不论亲疏都如此。封建法律还规定，凡族人无子，如要立继，必须得到族长的同意[3]。

从宋仁宗时开始，经过政治家和学者的提倡，以官

1　《黄氏日抄》卷90《〈训族编〉序》；《鹤林玉露》卷5。

2　《勉斋集》卷34《始祖祭田关约》；《名公书判清明集》卷7《户婚门·立继》。

3　《朱子语类》卷91《礼八·杂仪》；《名公书判清明集》卷7《户婚门·立继》。

僚地主为核心，以"小宗之制"为宗法，以族产为物质基础，以族谱为结合维持工具，以祠堂为活动中心，以"家法""义约""规矩"为统治手段，封建家族组织便在全国范围逐步建立起来。

第七章

节 日

每一个民族的节日都是一定历史时期的产物，而每一特定的历史时期，都会出现特定的节日风情。中唐以后直到辽、宋、西夏、金代，随着社会物质生活和精神生活的愈加丰富，节日风情也变得多姿多彩，欢乐愉快。尤其是宋代社会经济的繁荣，科学技术的进步，给节日注入了新的内容，带来了轻松愉快甚至侈靡的风情，反映了当时人们丰富的生活情趣和相对平衡的社会心态。

一、帝后"圣节"

"圣节"是指皇帝和太后的生日。

辽代皇帝大都立"圣节"，甚至有些皇太后也仿此建节。辽代各朝皇帝的"圣节"是：

节　名	圣节时间	皇帝庙号	建节时间
天授节	十月二十三日	辽太宗	天显三年九月癸巳
天清节	七月二十五日	辽景宗	应历十九年五月壬午
千龄节	十二月二十七日	辽圣宗	统和元年九月辛未
永寿节	二月二十三日	辽兴宗	太平十一年闰十月辛亥
天安节	不详	辽道宗	清宁元年十月丁亥

　　辽代皇帝立"圣节"始于太宗天显三年（928年），辽世宗可能因在位期短，未及立圣节。随后继位的辽穆宗，在19年统治期内，每逢生日也作些纪念活动，但始终没有建立圣节。辽兴宗虽然立了永寿节，但其生日在正月或二月二十三日，不详[1]。辽道宗立了天安节，但生日记载阙如。

　　一般每逢新皇帝即位，"有司"即有关官署即奏请为皇帝生日立节，老皇帝的"圣节"便自然消失。遇"圣节"那天，百官上殿向皇帝祝贺。辽朝制定了隆重的皇帝生辰接受百官祝贺的仪式。有时祭日月。朝廷发布曲赦令，释放京师或全国所有在押囚犯，或"曲赦"徒罪以下的犯人；招待僧徒吃斋。有时因恰遇"大赦"或某位大

---

1 《辽史》卷21《道宗一》清宁二年（1056年）二月乙巳（23日）条。

臣病危，也临时取消百官祝贺的仪式[1]。宋朝一般每年派遣"贺生辰使"至辽京师，辽方还规定了宋朝"贺生辰使"朝见辽朝皇帝的仪式。辽朝有时逢已故皇帝的生日，也举行纪念活动，如下诏"曲赦徒以下罪"，宴请百官，命各赋诗等[2]。

　　辽朝特有的祝贺皇帝生日的礼节称"再生仪"。每逢12年举行一次，在皇帝本命年的前一年季冬之月（十一月），选择吉日，事前布置再生室、母生室和诸先帝神主舆。至日，皇帝从寝殿至再生室，释服、赤足，三次走过倒栽的岐木之下，产医妪致词，拂拭帝体。皇帝躺在木旁，一叟以矢箙（盛箭的器具）敲击说："生男矣。"太巫蒙住皇帝的头部，起身。群臣皆献襁褓、彩结等物祝贺。然后，皇帝拜见诸先帝画像，再举办宴会，招待群臣。据说，坚持举行再生礼，是为了使皇帝不忘孝心。所以，常由皇太后主持这一仪式，举行的时间有时改在七月或九月、十月、三月，有时两个月连续举行两次[3]。每逢举行再

1　《辽史》卷53《礼志六》，卷6《穆宗上》，卷7《穆宗下》，卷20《兴宗三》。
2　《辽史》卷51《礼志四》，卷19《兴宗二》，卷21《道宗一》。
3　《辽史》卷53《礼志六》，卷10《圣宗一》，卷11《圣宗二》，卷12《圣宗三》。

生礼，有时也下诏"曲赦"某一地区的罪犯，或减各路徒刑以下犯人的罪一等[1]。

辽朝曾三次为皇太后立过节名。第一次是辽太宗时为皇太后述律平十月一日生日立永宁节。第二次是辽兴宗时为皇太后萧绰（即承天皇太后）十二月五日生日立应圣节。但重熙十五年（1046年）三月乙酉（五日），又"以应圣节，减死罪，释徒以下"。萧绰至辽道宗时仍然在世，所以逢应圣节仍为太皇太后萧绰祝寿。第三次是辽道宗时为皇太后萧氏（小字挞里）十二月三日生日建坤宁节。咸雍六年（1070年）十二月己未（三日），"以坤宁节，赦死罪以下"。咸雍八年（1072年）十二月丁丑（三日），再次"以坤宁节，大赦"。但何时为谁立此节，《辽史》等均失载。据辽代礼制，必定是道宗为皇太后萧氏（小字挞里）而立。辽朝也制定了皇太后生辰朝贺的礼仪，皇帝、百官、各国使臣等均上殿祝寿。常常在庆祝皇太后生日时，发布"赦死罪以下"或"大赦"一类的诏令，并且宴请群臣和命妇[2]。

宋朝每个皇帝都立"圣节"，也有两位皇后仿此建节。

---

1 《辽史》卷22《道宗二》。
2 《辽史》卷19《兴宗二》，卷22《道宗二》，卷23《道宗三》，卷53《礼志六》，卷21《道宗一》。

北宋九朝皇帝的"圣节"是：

节　名	圣节时间	皇帝庙号	建节时间
长春节	二月十六日	宋太祖	建隆元年正月十七日
乾明节	十月七日	宋太宗	太平兴国二年五月十四日
承天节	十二月二日	宋真宗	至道三年八月八日
乾元节	四月十四日	宋仁宗	乾兴元年二月二十六日
寿圣节	正月三日	宋英宗	嘉祐八年八月二十三日
同天节	四月十日	宋神宗	治平四年二月十一日
兴龙节	十二月八日	宋哲宗	元丰八年五月五日
天宁节	十月十日	宋徽宗	元符三年四月十一日
乾龙节	四月十三日	宋钦宗	靖康元年二月二十六日

　　宋太宗"圣节"最初称乾明节，淳化元年（990 年）改名寿宁节。哲宗生于熙宁九年（1076 年）十二月七日，因避僖祖（赵匡胤的四世祖）的忌日，改用八日。宋徽宗生于元丰五年（1082 年）五月五日，也因避俗忌，改用十月十日[1]。说明"圣节"的名称和时间可依统治者的愿望稍加改变。

　　南宋六朝皇帝加上恭帝显的"圣节"是：

1　《长编》卷 356；周密：《齐东野语·月忌》；《癸辛杂识》后集《五月五日生》。

节　名	圣节时间	皇帝庙号	建节时间
天申节	五月二十一日	宋高宗	建炎元年五月六日
会庆节	十月二十二日	宋孝宗	绍兴三十二年八月二十六日
重明节	九月四日	宋光宗	淳熙十六年二月二十一日
瑞庆节	十月十九日	宋宁宗	绍熙五年九月十七日
天基节	正月五日	宋理宗	嘉定十七年十一月二十七日
乾会节	四月九日	宋度宗	景定五年十二月四日
天瑞节	九月二十八日	宋帝显	咸淳十年七月十二日

宋宁宗的"圣节"原名天祐节，使用一个多月后改称瑞庆节[1]。

每逢新皇帝即位，由宰相率领群臣上表奏请，为皇帝生日建节。老皇帝的"圣节"一般自然消失。仅孝宗时，高宗尚健在，逢天申节依例祝贺；光宗时，孝宗也健在，逢会庆节也照例祝寿。到"圣节"那天，皇帝坐殿，文武百官簪花，依次上殿祝寿，进献寿酒。皇帝退入另殿，设御宴款待群臣以及外国使臣：先由百官进酒祝寿，然后由皇帝赐百官酒食，乐坊伶人致语，同时奏乐；酒数行而罢。皇帝又赐百官衣各一袭（套）。各州军除向皇帝进

---

1 《宋会要》礼 57 之 18—19《诞圣节》。

贡银、绢、马等礼物外，在僧寺或道观开建"祝圣寿"道场，长官进香、享用御筵、用乐，放生，以示庆祝。朝廷下令禁止屠宰、丧葬和决大辟罪（死罪）数日，还给赐度牒、紫衣师号，准许剃度僧侣和试放童行[1]。

北宋时，两位皇太后的生日也先后立过节名。仁宗初年，为太后刘氏正月八日生日立长宁节。哲宗初年，为宣仁太后高氏七月十六日生日建坤成节。庆祝活动的内容，包括文武百官上殿祝寿，献纳金酒器，内外命妇进献香合和入宫祝寿，开启道场斋筵，京城禁止行刑和屠宰七天，剃度僧道三百名[2]。徽宗初年，皇太后向氏依照嘉祐、治平"故事"，仍称"圣节"，但不应立生辰节名，遂成为定制[3]。

金朝女真族早期没有历法，不懂纪年，百姓的年龄"以草一青为一岁"。自兴兵南下，渐受辽、宋习俗影响，"酋长坐朝，皆自择佳辰"。如完颜宗翰以正旦为生辰，完颜希尹以元宵节为生日等。金太宗始在登基的第二年即天会二年（1124年）十月，立天清节，当天北宋和西夏皆派使臣前来祝贺[4]。从此，每朝皇帝大都建立"圣节"：

1　《宋会要》礼57之14—23《诞圣节》《节日》。

2　《长编》卷354；《宋会要》礼57之37—38。

3　《宋史》卷243《后妃下》。

4　洪皓：《松漠纪闻》卷上；《金史》卷3《太宗》。

节　名	圣节或生日时间	皇帝庙号	建节时间
（未立）	七月一日	金太祖	
天清节	十月十五日	金太宗	不详
万寿节	正月十七日	金熙宗	天会十三年六月二十一日
（未立）	正月十六日	海陵王	
万春节	三月一日	金世宗	大定元年十二月二十六日
天寿节	九月一日	金章宗	大定二十九年三月己酉
万秋节	八月十日	卫绍王	不详
长春节	三月十三日	金宣宗	不详
万年节	八月二十三日	金哀宗	不详

　　海陵王每逢生辰举行祝寿活动，南宋、高丽、西夏使臣都会前来祝贺，但未见建立"圣节"。金熙宗生于七月七日，与其生父完颜宗峻的忌日相同，故改为正月十七日。金章宗的生日是七月二十七日，大定二十九年（1189年）三月己酉下诏以生辰为天寿节。六月，右丞相完颜襄认为"圣节"之月"雨水淫暴，外方人使赴阙，有碍行李"，乃改为九月一日，并通报南宋和高丽、西夏。但明昌五年（1194年）七月丙戌（二十七日）和九月初一，两次庆祝天寿节，前一次是在枢光殿宴请百官，后一次是接受南宋、高丽、西夏的使臣祝贺。泰和八年（1208年）五月癸亥，又下诏将天寿节推迟至十月

十五日[1]。

　　金朝制定了"圣节"上寿的仪式：皇帝升御座，鸣鞭，报时，殿前班起居毕，舍人领皇太子及官员、使臣全班进殿陛，舞蹈五拜，平立。阁使奏报各道州郡贺表目录，皇太子以下皆再拜。皇太子擂笏献寿酒。世宗时，二阁使齐揖入栏子内，拜跪致词："万寿令节，谨上寿卮，伏愿皇帝陛下万岁、万岁、万万岁！"宣徽使宣告"有制"，又宣答："得卿寿酒，与卿等内外同庆。"臣僚分班，教坊奏乐。皇帝举酒，殿下侍立的臣僚皆再拜。然后，在殿上设宴招待臣僚和外国使臣。圣节那天，禁止断狱和屠宰。从世宗大定十三年（1173 年）开始，规定连续三天禁止断狱和屠宰。金章宗时，天寿节在都城施舍老、病、贫民七百贯，各京二十五贯，各府、州、县从二十贯至五贯不等[2]。

　　西夏各朝皇帝并没有为自己的生日立节名。夏景宗（元昊）生于五月五日，西夏"国人以其日相庆贺"，具体庆祝活动不详[3]。

1　《金史》卷 4《熙宗》，卷 9《章宗一》，卷 83《张汝霖传》，卷 10《章宗二》，卷 23《五行志》，卷 12《章宗四》。

2　《金史》卷 36《礼志九》；《大金集礼》卷 23《圣节》；《金史》卷 58《百官志四》；《拙轩集》卷 3。

3　《宋史》卷 485《外国一》。

二、官定重要节日

除"圣节"外，各国还有一些官定的重要节日，其中有传统的节日，也有统治者出于政治需要而一时制定的节日。

辽朝官定的重要节日较多，有正旦、中和节、六月十八日、中元节、狗头节、重九节、烧甲节、冬至、腊辰日等。

正旦：正月一日，皇帝将糯米饭与白羊髓和成拳头大小的团，每帐分赐四十九枚。候至五更三点，皇帝等各在帐内从窗中向外掷米团，如果得双数，当夜奏乐和举办宴会；如果得单数，则不奏乐、饮宴，命十二名师巫绕着帐外摇铃执箭，边唱边叫，帐里的人则在火炉里爆盐，烧拍地鼠，称这种仪式为"惊鬼"。在帐内住七天才出门。契丹语称正旦为"乃捏咿呢"或"妳捏离"。

中和节：二月一日称中和节。国舅族萧氏在家设宴招待"国族"耶律氏。契丹语称"押里呬"。

六月十八日：耶律氏在家设宴回请萧氏。也称"押里呬"。

中元节：七月十五日称中元节。十三日夜，皇帝离开行宫，在西三十里卓帐下榻。十四日，随从各军和部落，都奏本族乐曲，饮宴至晚上，皇帝才归行宫，称"迎节"。十五日，奏汉乐，大宴。十六日清晨，皇帝向西方行走，命随行各军、部落大叫三声，称为"送节"。契丹语称此节为"赛咿呃奢"。

狗头节：八月八日称狗头节。皇帝杀白狗，在寝帐前七步处掩埋其头，嘴露出地面。再过七天，即中秋节，皇帝移寝帐于此处。契丹语称此节为"捏褐耐"。

重九节：九月九日称重九节。皇帝带领群臣部族围猎射虎，罚射少者请重九筵席。围猎结束，选高地设帐，与蕃、汉臣僚饮菊花酒。兔肝生切，拌鹿舌酱吃。又研茱萸酒，洒在门窗。契丹语称此节为"必里迟离"。

烧甲节：十月十五日称烧甲节。十月内，五京进贡纸做的小衣甲和枪刀、器械各一万副。十五日，皇帝与群臣一起望木叶山（今内蒙古奈曼旗东北老哈河与西喇木伦河汇合处。为契丹族先世所居之处，山上有辽始祖庙），奠酒，跪拜，用契丹字写状，与器甲一起焚烧。契丹语称此节为"戴辣"。

冬至：杀白羊和白马、白雁，各取其生血和酒。皇帝北望黑山跪拜，并焚烧五京所进纸人、纸马一万多副，祭奠山神。契丹族相信人死后，其魂魄归黑山神管辖。契丹族非祭不敢接近此山。此外，朝廷还举行冬至"朝贺仪"，臣僚全部出席，仪式如同正旦[1]。

腊辰日：皇帝率领诸司使以上的蕃、汉臣僚，皆戎装，在五更三点坐朝，奏乐饮酒，按等级各赐甲仗、羊、马。契丹语称此节为"炒伍侕呬"[2]。

宋朝官定的重要节日，有元旦、上元节、中和节、天庆节等。

元旦：又称正旦、元日、旦日，俗称年节、新年。是日，朝廷下令免收公、私房租，准许京城百姓"关扑"（主要是赌博）三天。民间用鸦青纸或青绢剪成大小幡，由年长者戴之，或贴于门楣。家家饮屠苏酒和术汤，吃年馎饦。从早晨开始，百姓穿上新衣，往来拜节，并燃放爆竹[3]。各坊、巷摆设食物、日用品、水果、柴炭等，歌叫关扑。如马行、潘楼街、州东宋门外等处，都搭起彩棚，铺陈冠梳、珠翠、头面、衣着、靴鞋、玩好之物等。其间开设舞场、歌馆，车马交驰，热闹异常。傍晚，贵家妇女出游、关赌，入场观看或进市店饮宴。朝廷举行正旦"大朝会"，皇帝端坐大庆殿，四名魁伟武士站在殿角，称"镇

1　《辽史》卷53《礼志六》。
2　以上未注出处者皆见《岁时广记》卷7至卷39引武珪《燕北杂记》；《辽史》卷53《礼志六·岁时杂仪》。
3　吕原明：《岁时杂记》；《岁时广记》卷5《元旦上》。

殿将军"。殿庭列仪仗队，百官都穿戴朝服冠冕，各州进
奏官手持土特产，各路举人的解元也穿青边白袍、戴二
量冠立班。高丽、南蕃、回纥、于阗等使臣，随班入殿祝
贺。朝贺毕，皇帝赐宴。宫城前，已结扎起山棚（灯山），
百官退朝时山棚灯火辉煌，金碧相射[1]。各州官员、士大
夫在正旦日，赴州衙序拜，各依年齿为序，而不是按官位
高低[2]。

　　上元节：正月十五日为上元节，又称元夕节或元宵
节。京城张灯五天，各地三天，城门弛禁，通宵开放。宋
太祖时，因为"朝廷无事，区宇咸宁"，加之"年谷屡
丰"，决定上元节再增十七、十八日两夜举行庆祝[3]。

　　节日期间，京城的士民群集御街，两廊下歌舞、百
戏、奇术异能鳞次栉比，乐声悠扬。有击丸踢球者、踩
绳上竿者，还有表演傀儡（木偶）戏、魔术、杂剧、讲
史、猴戏、鱼跳刀门、使唤蜂蝶等。又朝北搭起台阶状鳌
山（又称灯山、彩山），上面画有神仙等故事，左右用彩
绢结成文殊、普贤菩萨，还张挂无数盏彩灯，极其新巧。

---

1 《东京梦华录》卷 6《正月》《元旦朝会》；《梦粱录》卷 1《元旦大
　朝会》。
2 《嘉泰会稽志》卷 13《节序》。
3 《宋会要》礼 57 之 28《上元节》。

许多灯以琉璃制成，绘有山水人物、花竹翎毛。鳌山顶端安置木柜贮水，不时放水，像瀑布飞溅而下。还用草把缚成双龙，遮上青幕，草上密置灯烛数万盏，远望如双龙蜿蜒飞腾。从鳌山到附近大街，约一百多丈，用棘刺围绕，称"棘盆"，实际是大乐棚。盆内各色彩灯"照耀有同白日"。乐人奏乐，同时演出飞丸、走绳、爬竿、掷剑等杂戏。皇帝和妃嫔在宫城门楼上观灯戏嬉，百姓在楼下观看露台（露天舞台）演出杂剧，奏乐人不时引导百姓高呼"万岁"[1]。

朝廷在上元夜设御宴于相国寺罗汉院，仅赐中书和枢密院长官。百姓们以绿豆粉做成的蝌蚪羹、糯米汤元、焦䭔、春茧为节日美食，还迎邀紫姑神，预卜当年蚕桑[2]。十八日夜或十九日开始"收灯"。

苏州制造的各色彩灯最为精美，且品种很多。元宵节期间，苏州"灯最盛，而菜园罗帛尤壮观"。所谓罗帛是指剪罗帛制成的灯。是日，苏州民间还有"旱划船"上街表演。成都府正月有灯市，从元宵节开始至四月十八日，富室"游赏几无虚辰，使宅后圃名西园，春时纵人行乐"。

---

1 《岁时广记》卷 10《立棘盆》;《东京梦华录》卷 6《元宵》。
2 欧阳修:《归田录》卷 2; 沈括:《梦溪笔谈》卷 21《异事》。

辰（治今湖南沅陵）、沅（治今湖南芷江）、靖（治今湖南靖县）三州的仡伶、仡獠、山瑶等少数族也于此日"入城市观灯"[1]。

中和节：二月一日称中和节。皇帝开始换单罗服（单袍），官员换单罗公裳。民间用青囊盛上百谷、瓜果种子，互相赠送。百官进献农书，显示重农务本[2]。

开基节：正月四日称开基节。宣和二年（1120年）四月，徽宗为纪念太祖在后周显德七年（960年）正月四日登位、建立宋朝，决定立此节名。是日，禁止屠宰和行刑，各级官员皆赴宫观等处进香[3]。

天庆等节：宋真宗为掩饰澶渊城下之盟的耻辱，决定编造神人颁降天书的谎言和用封禅泰山等办法来"镇服四海、夸示外国"，陆续创立了五个节名。景德五年（1008年）正月三日，伪造天书下降承天门，下令改元，并于十一月决定以正月三日为天庆节，命各州兴建天庆观。百官赴宫观或僧寺进香。朝廷赐百官御宴。各州军提前七天派道士在长官廨宇或宫观建道场设醮，特令官员、士庶宴乐，五天内禁止行刑和屠宰。大中祥符元年（1008年）四月一

---

1 《永乐大典》卷 20354《夕字》；《鸡肋编》卷上；《老学庵笔记》卷 4。

2 《梦粱录》卷 1《二月》。

3 李埴：《皇宋十朝纲要》卷 18《徽宗》；《朝野类要》卷 1《诸节》。

日、六月六日，又陆续两次伪造天书下降，事后决定分立二日为天祯节和天贶节。遇此二日，不准屠宰和行刑[1]。天祯节后因避宋仁宗讳（赵祯），改称天祺节。大中祥符五年（1012年）闰十月，以后唐天成元年（926年）七月一日"圣祖"轩辕皇帝下降日定为先天节，又以十月二十四日"圣祖"降临延恩殿日定为降圣节，不准行刑，禁止屠宰，准许请客和奏乐，互赠"保生寿酒"。各州选派道士建道场设醮。宋仁宗初年，因天庆等五节"费用尤广"，增加百姓负担，决定将各宫观同时设醮改为轮流设醮[2]。

天应等节：政和四年（1114年），宋徽宗借口"天帝"降临，旌旗、辇辂等出现云端，以十一月五日立为天应节。规定该日建置道场，各级官员前往进香朝拜，停决大辟刑，禁止屠宰。此后，又陆续立宁贶（五月十二日）、天符等节名[3]。

天庆等节，最初京城的宫观每节斋醮七天，后来减为三天、一天，逐渐废罢。到南宋时，京城不再举行庆祝活动，也不休假，仅外州官员赴天庆观朝拜和休务两天[4]。

1　陈公亮：《严州图经》卷1《寺观》；《事物纪原》卷1《天祺》。
2　《宋会要》礼57之28—31，57之29。
3　《宋会要》礼57之31—33。
4　《容斋五笔》卷1《天庆诸节》。

　　金朝女真在建国前无所谓官定的节日。即使在建国初，还不懂得元宵节。迁到燕京后，逐步理解此节，后来就习以为常了[1]。汉族的传统节日逐渐与女真原有的节日融合一起。金朝官定的重要节日有元旦、元宵节、重五、中元节、重九日等。

　　元旦：即元日。金熙宗天眷三年（1140年）正旦，始依辽朝旧例起盖山楼一座。海陵王贞元二年（1154年）正月，称之为万春山。世宗大定五年（1165年）二月，改称仁寿山。金朝制定了元日皇帝登殿接受群臣祝贺的仪式，基本与圣节相同。只有二阁使的致词改为"元正启祚，品物咸新，恭惟皇帝陛下与天同休"。宣徽使的宣答改为"履新上寿，与卿等内外同庆"。然后在殿上赐群臣和外国使臣御宴[2]。民间则百姓拜日，互相庆祝。还燃放爆竹，烧烛，饰桃木人，饮屠苏酒等[3]。

　　元宵节：海陵王天德三年（1151年），第一次在宫中造灯山，庆祝元宵节。贞元元年（1153年）元夕，又一次在燕京新宫中张灯，宴请丞相以下官员，"赋诗纵饮，

1　《松漠纪闻》卷上。

2　《金史》卷36《礼志九》；《大金集礼》卷39《元日称贺仪》。

3　《三朝北盟会编》卷3政宣上帙三；《拙轩集》卷4；《大金国志》卷35《杂色仪制》。

尽欢而罢"。金世宗大定二十四年（1184 年），元夕张灯，"琉璃、珠璎、翠羽、飞仙之类不一，至有一灯金珠为饰者"。都人男女盛饰观赏游乐，至十八日才结束[1]。

重五：又称重午、端午节。金朝最重视此节。是日，举行祭天和射柳之礼。在球场设拜天台，台上刻木为船状的盘，"赤为质，画云鹤纹"，放在五六尺高的架上，盘中放置食物。黎明，皇帝至拜天台，降辇至褥位，皇太子以下百官皆诣褥位。宣徽使赞"拜"，皇帝再拜。上香，又再拜。排食抛盏毕，跪饮福酒，又再拜。百官在此过程中皆陪拜。然后在球场插两行柳枝，参加射柳者以尊卑为次序。最后是各乘坐骑持球杖击球，杖长数尺，一头像偃月；击球者分为两队，争击一球，以击球入网或出门者为胜。再赐给御宴。这一节礼乃沿袭辽朝的旧俗。有时，皇帝在端午日回上京（今黑龙江阿城县白城子），"燕劳乡间宗室父老"。官府是日放假一天[2]。

中元节：七月十五日。皇帝在内殿建造拜天台，行拜天之礼。至时，也集合宗族拜天[3]。

---

1 《金史》卷 5《海陵》；《大金国志》卷 13《海陵炀王上》，卷 18《世宗圣明皇帝下》。

2 《金史》卷 35《礼志八》，卷 8《世宗下》；《大金国志》卷 35《杂色仪制》。

3 《金史》卷 35《礼志八》。

重九日：九月九日。皇帝改在都城外筑拜天台，行拜天之礼，集合宗族一起拜天[1]。

西夏的官定节日不多，仅"以孟朔为贺"，即以正月初一、四月初一、七月初一、十月初一作为节日，具体庆祝活动不详[2]。

地处今新疆吐鲁番东南高昌废址的高昌国，宋初称西州回鹘。宋太宗雍熙元年（984年），王延德等从其地回来，向宋廷报告行程。其中，说到该国仍使用唐开元七年（719年）的日历，"以三月九日为寒食，余二社、冬至亦然"。说明该国每年庆祝寒食、春社、秋社、冬至四节。此外，居民们在每年春月到五十多所佛寺"群聚邀乐"，"游者马上持弓矢射诸物"，称"禳灾"[3]。

三、节气性和季节性节日

辽朝的节气性和季节性的节日有立春、重午、夏至、中秋节、岁除等。

---

1 《金史》卷35《礼志八》；《大金国志》卷35《杂色仪制》。

2 《宋史》卷485《外国一》。

3 《宋史》卷490《外国六》；《长编》卷25。

立春：是日，宫内举行庆祝立春的仪式。皇帝进入内殿，率领北、南臣僚拜先帝画像，献酒。可矮墩（又作"可贺敦"，高级官员之妻的称号）以上入殿，赐坐。皇帝戴幡胜，也赐臣僚幡胜簪戴。皇帝在土牛前上香，三奠酒，教坊奏乐。皇帝持彩杖鞭土牛。司辰报告春至，可矮墩以上北、南臣僚持彩杖鞭土牛三周，再引节度使以上登殿，撒谷、豆，击土牛。撒谷、豆时，允许参预仪式者争抢。臣僚依次入座，饮酒，吃春盘，再喝茶。民间妇女"进春书，刻青缯为帜，像龙御之，或为蟾蜍，书帜曰'宜春'"[1]。

重午：五月五日，黎明，臣僚齐赴御帐，皇帝系长寿彩缕，坐在车上，引导北、南臣僚合班，再拜。各官员皆赐彩缕，揖臣僚跪受，再拜。引臣僚退下，随车驾至膳所，酒三行。午时，采艾叶与绵相和絮衣七事，皇帝穿着，北、南臣僚各赐艾衣三事。皇帝和臣僚们一起宴乐，渤海族厨师进献艾糕。用五彩丝做绳缠臂，称"合欢结"。又用彩丝宛转做成人形簪戴，称"长命缕"。契丹语称"讨赛咿呢"[2]。

1 《辽史》卷53《礼志六》。
2 《辽史》卷53《礼志六》；《岁时广记》卷23《端午下》。

夏至：又称"朝节"。妇女进献彩扇，以粉脂囊互相赠送。

岁除：除夕。皇帝亲自主持宫中岁除的仪式。至除夕，敕使和夷离毕率领执事郎君到殿前，将盐和羊膏放在炉中燃烧。巫和大巫顺次赞祝火神，然后阁门使赞皇帝面对火再拜。最初，皇帝皆亲自拜火，至辽道宗始改命夷离毕拜火[1]。

宋朝的此类节日，有立春、社日、寒食、清明、端午、七夕、中秋等。

立春：立春前一天，开封或临安府奉献大春牛（土牛）和耕夫、犁具到宫中，用五色彩杖环击牛三下，表示劝耕，称为"鞭春牛"。各州县也造土牛和耕夫，清晨由长官率领官吏举行"打春"仪式。打春毕，百姓争抢其"肉"，但不敢触动号为"太岁"的耕夫。百姓互赠装饰着花朵而坐在栏中、上列百戏人物和春幡雪柳的小春牛。当时以牛为丑神，击土牛用以表示加速送走寒气[2]。朝廷还赐给百官金银幡胜[3]。

社日：每年有两个社日。宋代以立春后第五个戊日为

1　《辽史》卷53《礼志六》，卷49《礼志一》。

2　《岁时广记》卷8《立春》；袁文：《瓮牖闲评》卷3。

3　《东京梦华录》卷6《立春》；《梦粱录》卷1《立春》。

春社，立秋后第五个戊日为秋社。朝廷和各州县都举行祭祀社稷的仪式，官衙各放假一天。民间做社糕、社酒相送，并用肉、饼、瓜、姜等切成棋子大小，浇在饭上，称社饭[1]。

寒食和清明：自冬至后一百零五天，称寒食节，又称"一百五日""百五节""禁烟节"。陕西人称为熟食日，京东人称为冷烟节，太原人称为一月节。寒食前一天为"炊熟日"，蒸成枣糕，用柳条串起，插在门楣上，称"子推"或"子推燕"[2]。子女长大后，多在此日上头。寒食节前后三天，家家停止烟火，只吃冷食。为此，节前多积食物，谚云："馋妇思寒食，懒妇思正旦。"寒食第三天为清明节。是日，宫中赐新火给近臣、戚里。百姓纷纷出城扫墓，只将纸钱挂在墓旁树上。客居外地者，登山望墓而祭，撕裂纸钱，飘向空中，称"擘钱"。城市居民乘此携带酒食春游[3]。

端午：宋代始以五月五日为端午节，又称端五、重五[4]、重午、天中、浴兰令节。自五月一日至端午前一天，

1 《演繁露》卷12；《岁时广记》卷14《二社日》。
2 《铁围山丛谈》卷2；《岁时广记》卷15《寒食上》；《鸡肋编》卷上；金盈之：《醉翁谈录》卷3。
3 《宋朝事实类苑》卷32《赐新火》；《鸡肋编》卷上；《东京梦华录》卷7《清明节》。
4 《容斋随笔》卷1《八月端午》；郑刚中：《北山文集》卷2《重五》。

市中出售桃、柳、葵花、菖蒲、艾叶，端午那天家家铺设在门口，吃粽子、五色汤元、茶酒等，"士庶递相宴赏"。还将泥塑张天师像，挂在门额上，以禳毒气。宫中全天奏乐。南方很多地区还赛龙舟竞渡[1]。

七夕：七月七日为七夕节。北宋初仍沿用五代旧习，七夕用六日。太宗太平兴国三年（978 年），开始改用七日，民间崇尚果实、菜鸡（以菜草熬鸡）和摩睺罗即泥塑幼童像，精致者装上彩色雕木栏座，遮以纱罩，甚至用金玉珠翠装饰。傍晚，妇女和儿童穿上新衣，在庭院中立长竹竿，上置莲花，称"花竿"[2]。设香桌，摆出摩睺罗、酒果、花瓜、笔砚、针线，姑娘们个个呈巧、焚香列拜，称"乞巧"。有些妇女对月穿针，或把蜘蛛放入盒子内，次日观看网丝圆正，即为"得巧"。此日又是晒书节，朝廷三省六部以下，各赐钱设宴，为晒书会[3]。

中秋：八月十五日为中秋节。节前，京城酒店出售新酒，市民争饮，不到中午便销售一空。晚上，金风送爽，丹桂飘香，富豪皆登楼台酌酒高歌，通宵赏月。贫民也质

1　《东京梦华录》卷 8《端午》；《岁时广记》卷 21《端五上》。
2　《燕翼诒谋录》卷 3《七夕改用七日》；《嘉泰会稽志》卷 13《节序》。
3　《东京梦华录》卷 8《七夕》；《武林旧事》卷 3《乞巧》；《朝野类要》卷 1《曝书》。

衣买酒,"勉强迎欢,不肯虚度"。南宋时,浙江上放"一点红"羊皮小水灯几十万盏,浮满江面,灿烂如繁星[1]。

重阳:九月九日为重阳节,又称重九节。民间在蒸糕上插小彩旗,镶嵌石榴子、银杏、松子肉等,称重阳糕,用来互相馈赠。又用粉做成狮子蛮王形状,放在糕上,称"狮蛮"。各僧寺都设斋会。此时菊花盛开,民间竞相赏菊,将菊花和茱萸插在头上,并且饮茱萸酒或菊酒[2]。绍兴府(治今浙江绍兴)民间多吃栗粽,亲友间非遇丧葬,不相往来。十日,士庶再集宴赏,称"小重阳"[3]。

立冬和冬至:十月内立冬前五天,北宋都城上自宫廷,下至民间,开始贮藏蔬菜,以供一冬食用[4]。十一月冬至,民间重视此节,为一年三大节之一。士庶换上新衣,备办食物,大多吃馄饨。还用馄饨祭祀祖先。店铺罢市三天,垂帘饮酒赌博,称"做节"。官府也特准百姓关扑和减免公私房租三天。皇帝于此日受百官朝贺,称"排冬仗",百官都穿朝服[5]。

1 《梦梁录》卷4《中秋》;《武林旧事》卷3《中秋》。
2 《东京梦华录》卷8《重阳》;《梦梁录》卷5《九月》。
3 《嘉泰会稽志》卷13《节序》;《岁时广记》卷35《重九中·再宴集》。
4 《东京梦华录》卷9《立冬》。
5 《东京梦华录》卷10《冬至》;《岁时广记》卷38《冬至》。

除夕：腊月（即十二月）八日，僧寺做成五味粥，称腊八粥，馈赠施主。百姓也用果子、杂料煮粥而食。二十四日，民间用蔬食、胶牙饧（麦芽糖）、萁豆等祭社[1]。腊月底，被认为"月穷岁尽之日"，故称"除夜"。而二十四日为"交年节"或"小节夜"，三十日为"大节夜"[2]。民间都洒扫门闾，除尘秽，净庭户，换门神，挂钟馗，钉桃符，贴春牌，并祭祀祖先。晚上则准备迎神的香、花、供品，以祈新年的平安。宫中举行大驱傩（驱逐疫疠）仪式：军士等戴面具、穿绣画杂色衣，手执金枪、龙旗，装扮成六丁、六甲、判官、钟馗、灶君、门神、土地等，共一千多人，从宫内鼓吹驱祟到城外，称为"埋祟"，而后散去。与此同时，点燃爆仗，声震如雷。农民们还点起火炬，称"照田"[3]。百姓合家围炉而坐，饮酒唱歌，奏乐击鼓，坐以达旦，称为"守岁"[4]。

金朝的这类节日也有立春、寒食节、除夕等。

立春：金朝皇帝在宫中庆祝立春，可能始于海陵王。

---

1 《梦粱录》卷6《十二月》。
2 《岁时广记》卷39《交年节》；《武林旧事》卷3《岁除》。
3 凌万顷、边实：《玉峰志》卷上《风俗》。
4 《东京梦华录》卷10《除夕》；《梦粱录》卷6《除夜》。

天德三年（1151 年）正月癸未立春，海陵王"观击土牛"。从此，他还在此日将土牛分赐各地官员[1]。

寒食和清明：寒食节又称熟食节。女真族较早采用此节。天辅十六年（实为金太宗天会十一年，1133 年）正月，女真族"例并祭先祖，烧纸钱，埋肉脯，游赏外各在水际"。至章宗明昌元年（1190 年）二月，王寂在宜民县（今辽宁辽阳东北），遇熟食节，看到"山林间，居民携妻孥上冢，往来如织"。官府放假五日，也以冬至后一百零五天为限[2]。

居住在荆湖南路沅州（治今湖南芷江）四周的苗、瑶、獠、仡伶、仡佬"五溪蛮"，乃近代壮、侗、水、布依、仡佬等族的先民。他们在这时期有岁节、重午等节。岁节似即元旦、新年，史称："土俗，岁节数日，野外男女分两朋，各以五色彩囊、豆、粟往来抛接，名'飞蛇'。"又称"蛮乡最重重午"，是日，"不论生、熟界，出观竞渡，三日而归"。竞渡的船只，在一个月前就要下水，"饮食，男女不敢共处"称"爬船"。至五月十五日，再次出观，称"大十五"。船分为五色，黑船的神"尤恶"，

---

1 《金史》卷 5《海陵》，卷 132《徒单贞传》。

2 《永乐大典》卷 19742《录字》引《窃愤录》；王寂：《辽东行部志》；《大金国志》卷 35《杂色仪制》。

"来去必有风雨"。山瑶在此日青年男女在山坡相亲，"相携而归"[1]。

四、宗教性节日

这一时期佛、道二教流行，加上一些新的迷信的出现，使民间的节日增添了不少新的内容。

辽朝的这种节日，有人日、佛生日等。

人日：古代占卜书以正月一日为鸡，二日为狗，三日为猪，四日为羊，五日为牛，六日为马，七日为人，八日为谷。占卜其日天晴为吉祥，阴天为灾难。民间习俗于此日在庭院中食煎饼，称"薰天"[2]。

佛生日：四月八日，为释迦牟尼（又称悉达多太子）的生日。都城和各州都用木头雕刻佛像，人们抬起佛像游行，前面用仪仗、百戏导从。又允许僧、尼、道士、百姓们"行城一日为乐"。各佛寺皆举办"菩萨会"，共庆佛的生日[3]。

---

1 朱辅：《溪蛮丛笑》。
2 《容斋三笔》卷 16《岁后八日》；《辽史》卷 53《礼志六》。
3 《辽史》卷 53《礼志六》作"二月八日"。《岁时广记》卷 20《佛日》作"四月八日"。《辽文汇》四。

宋朝的这类节日较多，有人日、玉皇生日、梓潼帝君生日、上巳日、佛日、中元等。

人日：正月七日。民间在此日剪彩绢人像，称"人胜"，贴在屏风或戴在头髻上，表示人入新年后形貌更新。民间还用面做成肉馅或素馅春茧，内藏写有官品的纸签或木片，食时探取，以卜将来官品的高低[1]。

梓潼帝君生日：二月三日为梓潼帝君生日。帝君即晋代张恶子，本庙在剑州梓潼县七曲山，宋时屡被加封。相传该帝君专"司桂籍，主人间科级"，各地任官之人都就观建会，祈求仕途顺利[2]。

祠山张真君生日：二月八日为祠山张真君生日。张真君即张渤，宋时又称张王、祠山真君，本庙在广德军（治今安徽广德），赐额广惠王庙或祠山行宫。江、浙各地也都建此庙。五代以来此庙"素号灵应，民多以牛为献"。宋统治者屡加封号，尊崇备至。逢其生辰，百姓竞赴朝拜，乘时演出百戏如杂剧、相扑、小说、影戏等。祭者必诵《老子》，且禁食猪肉[3]。

---

1 《全宋词》，第 533 页。

2 《宋会要》礼 21 之 25；郑瑶等：《景定严州续志》卷 4《祠庙》；《梦梁录》卷 19《社会》。

3 《宋会要》礼 20 之 83、163；《梦梁录》卷 14《外郡行祠》。

花朝节：二月十五日为花朝节。此时浙中百花竞放，正是游赏季节。州县长官到郊外，赐父老酒食，劝谕农桑。僧寺和尼庵建释迦涅槃会，信徒前往烧香膜拜[1]。

上巳日：中国古代以三月中第一个巳日为上巳节。魏晋以后到宋代，改为专用三月三日为上巳日。民间在流水上洗濯，除去宿垢，称"禊"（即洁）。南海人不做寒食，而在上巳扫墓[2]。此日又是北极祐圣真君和真武（又名真武灵应真君）生日，百姓都去祐圣观和祥源观（醴泉观）烧香。各道观也建醮，禳灾祈福[3]。

东岳帝生日：三月二十八日为东岳圣帝生日。各地善男信女前一天在大路上通宵礼拜，会集到东岳行祠（行宫），称"朝岳"，祈求农业丰稔[4]。

佛日：俗称四月八日为释迦佛的生日，又称浴佛节。各寺院都建浴佛斋会，僧徒用小盒装铜佛像。放入香药糖水（浴佛水），一面铙钹交迎，遍走街巷闾里，一面用小勺浇灌佛像。临安六和塔寺集中童男童女和信徒举办朝塔

1　《梦粱录》卷1《二月望》；《玉峰志》卷上《风俗》。
2　王观国：《学林》卷5《节令》；葛立方：《韵语阳秋》卷19；《岁时广记》卷18《上巳上》。
3　《夷坚支戊》卷6《婺州两会首》。
4　陈淳：《北溪字义》卷下《世俗鄙俚》；常棠：《澉水志》卷上《寺庙门》。

会，西湖上举行各种放生会，观众达数万人。尼庵也设饭供茶，称"无碍会"[1]。

崔府君生日：六月六日为崔府君生日。崔府君一说是东汉人崔瑗（字子玉），一说是唐滏阳令。本庙在磁州（治今河北磁县）。额曰崔府君庙，朝廷经常派官员主持庙事[2]。据说，高宗在北宋末出使到磁州境时，崔府君神曾显灵护驾，南宋时乃在各地兴建显应观，以褒其功。是日，百姓纷集该庙烧香，而后为避暑之计[3]。

解制日：佛教以四月十五日为"结制"或"结夏"开始之日。僧、尼从此日起，安居禅教律寺院，不能单身出外云游。佛殿也建楞严会。至七月十五日，僧尼寺院都设斋解制（又称解夏），称"法岁周圆之日"。自结制到解制，前后共90天[4]。

中元：七月十五日为中元节。各州长官往圣祖庙朝谒。百姓在家搭起圆竹架，顶部放置荷叶，装满各种食物和"目连救母"画像，借以祭祀祖宗。或赴墓地拜扫。僧

1 《武林旧事》卷3《浴佛》；《梦粱录》卷19《社会》；《玉峰志》卷上《风俗》。
2 王象之：《舆地纪胜》卷1《两浙西路·显应观》；《宋会要》礼21之25。
3 《武林旧事》卷3《都人避暑》；《梦粱录》卷4《六月》。
4 《梦粱录》卷3《僧寺结制》，卷4《解制日》。

寺也建盂兰盆会，向施主募捐钱米，代荐亡人。是日，百姓一般不吃荤食，屠户为之罢市[1]。

　　金朝的这类节日也有人日、上巳、佛日等，但因缺少记载，只能略述一二。如人日，即正月七日。元好问《南歌子》词云："人日过三日，元宵便五宵。共言今日好生朝……"上巳日，即三月三日。郝俣《上巳前后数日皆大雪，新晴游临漪亭上》诗写道："十日阴风料峭寒，试从花柳问平安。野亭寂历春将晚，山径萦纡雪未干。足踏东流方纵酒，手遮西日悔投竿。渊明正草《归来赋》，莫作山中令尹看。"[2] 由于北方天寒，有时上巳日还下着大雪，因此南方人没有在流水上洗濯之类的活动。段克己《鹧鸪天（上巳日再游青阳峡，用家弟诚之韵）》词也没有描写这类活动。海陵王正隆三年（1158 年），在五台山北麓创建岩上寺。朔漠地区佛教信徒每年于此日纪念佛诞，纷纷越长城、跨北岳，远道前来朝拜五台。岩上寺是当时香客进山的第一接待处所，颇具规模，香火很盛[3]。

1　《岁时广记》卷 29，卷 30《中元》；《事物纪原》卷 8《盂兰》；《武林旧事》卷 3《中元》。
2　《全金元词》；《中州集》乙集第二。
3　张博泉：《金史简编》，辽宁人民出版社 1984 年版，第 413 页。

第八章

宋代的北食和南食

宋代著名诗人陆游在《食酪》诗中写道："南烹北馔妄相高，常笑纷纷儿女曹。未必鲈鱼芼菰菜，便胜羊酪荐樱桃。"[1]表示诗人不赞成南食和北食各自妄相夸耀，认为这样议论纷纷只是儿女辈的见识，未必鲈鱼加菰白就比羊酪添樱桃的味道要好。这里诗人把鲈鱼加菰白当作"南烹"的代表佳肴，而把羊酪添樱桃当作"北馔"的典型珍馐。说明到陆游生活的时代，南食和北食之间还存在相当大的差别。当然，这种差别不仅仅是鲈鱼和羊酪或菰白和樱桃的不同。

大致说来，南食和北食的差别，主要在于南食以稻米制品为主食，北食以麦面制品为主食；南食的荤菜以猪肉、鱼为主，北食的荤菜以羊肉为主。

宋神宗时，宫廷中仍以面粉为主食的主要原料。熙宁十年（1077年），"御厨"共用去面粉 1 110 664 斤、米

---

1 《剑南诗稿》卷 81。

557 800 斤，面粉与米的比例为 2∶1。这表明以宋神宗为首的皇室是以面食为主的[1]。北宋末、南宋初人庄绰在《鸡肋编》中记载："游师雄景叔，长安人，范丞相得新沙鱼皮，煮熟煎以为羹，一缕可作一瓯。食既，范问游：'味新觉胜平常否？'答云：'将谓是馎饦，已哈了。'盖西人食面几不嚼也。南人罕作面饵。有戏语云：'孩儿先自睡不稳，更将擀面杖拄门。何如买个胡饼药杀着！'"[2] 游师雄是北宋神宗、哲宗时期人[3]，"范丞相"当是哲宗时任右仆射的范纯仁[4]。范纯仁邀请游师雄吃鲨鱼皮羹，游师雄以为"哈了"（喝了）"馎饦"（面片汤或面条），而且几乎不用牙齿咀嚼。庄绰还指出，南方人极少吃面食，因此戏语南方人用擀面杖来撑门，甚至把吃胡饼（带芝麻的烧饼）比作服药那样艰难。这种北方人很少吃米食、南方人很少吃面食的习惯，到南宋时便出现很大的变化。庄绰接着又说："建炎之后，江、浙、湖、湘、闽、广，西北流寓之人遍满。绍兴初，麦一斛至万二千钱，农获其利，倍于种稻。而佃户输租，只有秋课，而种麦之利独归客户。于

---

1 《宋会要》方域 4 之 10《御厨》。
2 《鸡肋编》卷上。
3 《宋史》卷 332《游师雄传》。
4 《宋史》卷 314《范纯仁传》。

是竞种春稼，极目不减淮北。"从南宋高宗建炎（1127—1130年）年间开始，北方人大批迁居南方各地。北方人爱吃面食，因此到绍兴初年（1131年），麦子大涨其价，一斛达十二贯钱，种植麦子者获利比种稻者加倍，而且佃客向地主交纳地租，还可免交麦租。这样，由于社会需要量的激增，促使南方农民竞相种植麦子，麦子的栽培面积遂迅速扩大起来。

从北宋到南宋，面食在主食中所占比重逐渐增大。北宋都城汴京（治今河南开封市）诸街巷开设了许多饮食店铺，大多供应各式面点食品。孟元老《东京梦华录》卷4《饼店》记载，当时有油饼店和胡饼店。油饼店专卖蒸饼、糖饼，胡饼店专卖宽焦、侧厚等。南宋初，宗泽任东京留守，开封市肆销售笼饼（馒头），每只值二十钱[1]。在南宋都城临安府（治今浙江杭州市）的饮食店中，不仅面食店比前增多，面食制品也更加丰富。吴自牧《梦粱录·天晓诸人出市》记载："最是大街一两处面食店及市西坊西食面店，通宵买卖，交晓不绝。"[2]在宋理宗淳祐（1241—1252年）年间，"有名相传"的面食店铺，有保佑坊前张

1　何蓬:《春渚纪闻》卷4。
2　《梦粱录》卷13《天晓诸人出市》。

卖食面店、金子巷口陈花脚面食店、太平坊南倪没门面食店、南瓦子北卓道王卖面店、腰棚前菜面店，"处处各有"面店[1]。

值得提出的是，前代的"牢丸"（俗称"牢九"）到宋代称为"包子"。陆游引闻人懋德之论，认为晋代束皙《饼赋》中"牢九"，即"今包子是"[2]。北宋初人陶穀《清异录》一书，谈到当时食店中有卖"绿荷包子"的。宋真宗时，仁宗诞生之日，宫中以包子分赐官员，包子中装满金珠[3]。包子和蒸饼是当时流行的面制食品。蒸饼就是馒头，馒头之称不迟于晋代[4]，但普遍使用则是从北宋时开始的。宋真宗时大臣王曾，在其同榜友人孙冲之子孙京辞别时，命其子弟好好招待，他说："已留孙京吃饭，安排馒头。"据说，"馒头时为盛馔也"[5]。馒头一般是实心无馅的。如果带馅的话，便在馒头前说明馅的内容。如宋徽宗时，蔡京为相，一次用"蟹黄馒头"款待讲议司官吏，即费去一千三百多贯[6]。汴京以"孙好手馒头"、"万家馒头"、

1　《梦粱录》卷13《铺席》。

2　《剑南诗稿》卷60《与村邻聚饮》。

3　《燕翼诒谋录》卷3《仁宗诞日赐包子》。

4　束皙：《饼赋》，《艺文类聚》卷72，上海古籍出版社1999年版。

5　赵善璙：《自警编》卷2《操修类·俭约》。

6　《独醒杂志》卷9。

"王楼山洞梅花包子"、"鹿家包子"等为最著名[1]。南宋时，临安出现了专门经销馒头、包子等食品的同业店铺组织"行"，当时称为"蒸作面行"。据吴自牧《梦粱录》卷16《荤素从食店》描述，蒸作面行"卖四色馒头、细馅大包子，卖米薄皮春茧，生馅馒头、馉子……水晶包儿、笋肉包儿……"其中有"包子酒店，专卖灌浆馒头、薄皮春茧、包子、虾肉包子……之类"[2]。宋理宗淳祐年间，壩桥榜亭侧的"朱家馒头铺"是很有名气的[3]。宋代的馒头和包子主要因用馅的不同而出现许多名称，如糖肉馒头、羊肉馒头、太学馒头、笋肉馒头、鱼肉馒头、蟹肉包儿、鹅鸭包儿等。理学家朱熹也谈到过馒头，他说："比如吃馒头，只吃些皮，元（原）不曾吃馅，谓之知馒头之味，可乎？"[4]这里所说"馒头"，实际上也是包子。那么，像他这样一位大学问家何以会把带馅者称为馒头，而与一般的馒头相混淆呢？原因不是别的，这是宋代社会长期形成的习惯，人们鲜以为怪了。这种习惯称呼，至今在江南一些地区仍然流行：馒头和包子之间没有严格的区别，馒头只是

1 《东京梦华录》卷3、卷2。

2 《梦粱录》卷16《酒肆》。

3 《梦粱录》卷13《铺席》。

4 《朱子语类》卷32《论语十四》。

顶皮皱折，而包子外表光滑，有时还把无馅而外表光滑者也称为包子。

　　经过一百多年的南食和北食的融合，到南宋末年，临安的饮食已无严格的南、北地区的差别。《梦粱录》记述："向者汴京开南食面店、川饭分茶，以备江南往来士夫，谓其不便北食故耳。南渡以来，几二百余年，则水土既惯，饮食混淆，无南、北之分矣。"[1] 当然，这种现象的出现仅仅局限于人口众多、交通发达的都城里面。

　　在宋代的荤菜中，南、北食中的猪肉和羊肉的比重前后也有变化。北宋时，北食以羊肉为主，南食以猪肉为主。尚书省所属膳部，下设牛羊司，掌管饲养羔羊等，以备烹宰之用。还设牛羊供应所和乳酪院。宋真宗时，"御厨"每年需要羊数万头，都从陕西买来[2]。宋神宗时，河北榷场从契丹购进羊数万只，上供牛羊司[3]。熙宁十年（1077年），"御厨"共支羊肉 434 463 斤、猪肉 4 131 斤，羊肉和猪肉的比例约为 100∶1[4]。宋哲宗元祐八年（1093 年），大臣吕大防说："饮食不贵异味，御厨止用羊肉，此皆祖

1　《梦粱录》卷 16《面食店》。
2　《宋会要》职官 21 之 10。
3　《宋会要》职官 21 之 3。
4　《宋会要》方域 4 之 10。

宗家法所以致太平者。"[1] 可见皇帝食用羊肉，原来还是宋朝的"祖宗家法"。所以，"御厨"每年还不时把"獠羊"（烤羊）赐给臣僚[2]。宋哲宗初年，御厨按照常例"进羊乳房及羔儿肉"，太后认为太伤幼畜，"有旨不得宰羊羔为膳"[3]。徽宗时，汴京的食店中有各类羊肉食品，如旋煎羊白肠、批切羊头、虚汁垂丝羊头、入炉羊头、乳炊羊腩等[4]。还有专门的熟羊肉铺[5]。汴京的居民不仅是北方人，因此猪肉的需要量也是相当大的。南薰门"唯民间所宰猪，须从此入京，每日至晚，每群万数，止十数人驱逐，无有乱行者"[6]。

南宋时，肉食中羊肉仍然占相当大的比重。宋高宗绍兴二十一年（1151年），在大将张俊设宴招待高宗等人的菜单中，就有羊舌签（高宗的下酒菜）、片羊头（直殿官所食）、烧羊一头、烧羊头、羊舌饦胎羹、铺羊羹饭（以上四种供应左相秦桧）等[7]。临安府需要的羊大都来自两浙

1　《长编》卷480，元祐八年正月丁亥。

2　《宋会要》方域4之2。

3　王巩：《甲申杂记》。

4　《东京梦华录》卷2《州桥夜市》、《饮食果子》。

5　《东京梦华录》卷2《宣德楼前省府宫宇》。

6　《东京梦华录》卷2《朱雀门外街巷》。

7　《武林旧事》卷9《高宗幸张府节次略》。

等地。绍兴府的贩羊人用船只装载羊群，渡过浙江，运往临安[1]。自汴京南迁临安西湖畔而专卖羊肉的有"羊肉李七儿"，是"旧京"的名食之一[2]。羊肉食品有蒸软羊、鼎煮羊、羊四软、酒蒸羊、绣吹羊、五味杏酪羊、千里羊、羊杂烌、羊头元鱼、羊蹄笋等，不胜枚举[3]。跟羊肉相比，临安的猪肉食品更多，"杭城内外，肉铺不知其几，皆装饰肉案，动器新丽。每日各铺悬挂成边猪，不下十余边。如冬年两节，各铺日卖数十边。"猪肉的名件区分更细，有细抹落索儿精、钝刀丁头肉、条撺精、窜燥子肉、烧猪煎肝肉、膌肉、盦蔗肉等，骨头也分为双条骨、三层骨、浮筋骨、脊龈骨、球杖骨、苏骨、寸金骨等十多种。大瓦修义坊形成"肉市"，巷内两街都是屠宰之家，每天宰猪不少于数百头。其他街坊的肉铺，也各自开设作坊，屠宰和销售猪肉[4]。"肉市"以外，许多猪肉店铺还组织起"行"，候潮门外有"南猪行"，打猪巷有"北猪行"[5]。临安周围的城乡商贩纷纷运猪供应京城。秀州（治今浙江嘉兴）居民

1　《嘉泰会稽志》卷 1。

2　《枫窗小牍》卷上。

3　《梦粱录》卷 16《分茶酒店》。

4　《梦粱录》卷 16《肉铺》。

5　《武林旧事》卷 6《诸市》。

韦十二，在庄店养猪数百口，也将猪运到杭城出售[1]。肉市和猪行的形成，表明临安居民食用猪肉的数量之巨；反之，羊肉店铺尚未组织成"市"或"行"，其销售量与猪肉相比，自然不免相形见绌。

1　《春渚纪闻》卷 3《悬豕首作人语》。

第九章

宋代的婚姻礼仪

　　唐、宋之际，社会风尚发生了显著的变化。从唐代中期以后尤其是到了宋代，社会生产力有了许多发展。社会阶级结构也从唐代的门阀士族和部曲、奴客、贱民、番匠、奴婢等旧格局转变为宋代的官僚地主和佃客、差雇匠、和雇匠、人力、女使等新的格局。周围各少数民族特别是契丹、党项、女真等族一度强盛，建立起幅员广大的国家。由于这三个因素的影响，人们的生活方式发生了许多变化。这些变化表现在物质生活如饮食、家具、衣服、装饰、房屋、交通工具等方面，又表现在精神生活如礼仪、信仰、文艺、思想等方面。人们在物质生活和精神生活各个方面的爱好和习惯，便构成了这一时期的社会风尚，婚姻礼仪是其中一部分。

　　在婚姻方面，宋朝社会上虽然门第观念并未消除，但人们对于门第的看法却出现了相当大的变化。在此以前，社会上崇尚士族门第。到宋代，社会上已经不存在严格的士、庶之别，人们在选择婚姻的标准方面主要重视对方或对方家庭的官职或钱财，至于乡贯、族望等已被置诸脑后了。最典型的事例，是京城的许多"贵戚"，择婿时不论男方的家世，只要男方礼部试即省试中榜，便算符合标准，而且还资助新女婿一大笔缗钱，称为"系捉钱"。因为这些士人经过殿试就能获得官职，跻身官僚的行列，所以根本不必去考虑他们的家世门第。这些士人实际上也不以家世门第为重，他们觉得钱财更为宝贵。宋神宗、哲宗时，丁骘指出："近年进士登科，娶妻论财，全乖礼义。衣冠之家，随所厚薄，则遣媒妁往返，甚于乞丐，小不如意，弃而之它。"因此，"市井驵侩，出捐千金"，士人们便"贸贸而来，安以就之"。这些士人"名挂仕版，身被命服，不顾廉耻，自为得计。玷辱恩命，亏损名节，莫甚于此！"[1]贵戚们择婿由完全以族望为标准，到不讲家世；士人们娶妻由论门第，到完全论财产，这不能不说是社会风尚的一大变化。当然，士人们与商人联姻，在有些官员看来，确是"不顾廉耻"、"亏损名节"，但这种已经形成的、较前为进步的风气是不可能因为一篇奏章就能够改变了的。据记载，宋

---

1 《宋文鉴》卷61《请禁绝登科进士论财娶妻》。

仁宗时，"召试馆职"凌景阳即与汴京酒店户孙氏结婚。南宋时，有些官员如孝宗时丞相留正、侍郎诸葛某，也与泉州海商王元懋结为"姻家"。

随着社会上择偶标准的改变，婚姻制度发生了一些变化。宋仁宗时，蔡襄叹息当时的"昏（婚）礼，无复有古之遗文"[1]当时社会上婚礼混乱，有些士大夫深感有必要重定婚姻等礼仪。稍后，司马光根据《仪礼》，参照当时民间通行的礼仪，撰成《书仪》十卷。其中有关婚礼的规定称"婚仪"，占一卷多的篇幅。

根据司马光《书仪》以及《政和五礼新仪》，宋代的婚仪有纳采（媒人向女家赠采择之礼，一般赠雁，太学的三舍生可用羊，平民用鸠、鹜代替）、问名（媒人问女方名字，女家答以名某、排行第几、年龄多少）、纳吉（男家卜得吉兆，再派媒人往告，婚姻之事于是定）、纳币（又称纳成，男家派媒人送聘礼）、请期（即告期，报告迎娶日期）、亲迎（女婿往女家迎娶）。以上古称"六礼"。此外还有妇见祖祢和舅姑、婿见妇之父母等。其中以下几点值得注意：

1　蔡襄：《蔡忠惠公集》卷18。

一、重 资 财

宋代人极其重视聘财和资装。所谓"将娶妇，先问资装之厚薄；将嫁女，先问聘财之多少"，甚至双方订立契约，写明某物多少、某物多少，"以求售某女者"。"世俗"有"铺房"的仪式，即在迎亲前一天，女家派人到男家布置新房，铺设被褥等物，把所有陪嫁的衣服、袜、鞋等全部陈列出来[1]。福建漳州民间嫁女，因为随嫁的"装奁厚薄，外人不得见"，乃置"随车钱"，"大率多者千缗，少者不下数百贯"。倘不如此，必为"乡邻讪笑"[2]。还有男家向女家"下财礼"的仪式，南宋末年，吴自牧《梦粱录》记载，男家的聘礼，"富贵之家"则送"三金"，即"金钏（镯）、金铤（锁足）、金帔坠"；"铺席宅舍"如无金器，则送镀金的银器。"士宦"之家也有送销金大袖、黄罗销金裙、缎红长裙，或送珠翠团冠等首饰、上细杂色彩缎匹帛，加上花茶果物、团圆饼、羊、酒等，还有送官会（一

1　《东京梦华录》卷 5《娶妇》。
2　廖刚：《高峰文集》卷 5《漳州到任条具民间利病五事奏状》。

种纸币）、银铤的。财礼的多少，视贫富而定，也有"下等人家"只送织物一二匹，官会一二封，再加上鹅、酒、茶、饼而已。

二、坐花轿

宋代男家用花轿来迎接新娘。轿子是中国古代特有的一种载人工具。它是从辇、舆等逐步演变而成的。汉代以后，舆轿的名目繁多，有肩舆、竹兜、编舆、板舆、步舆、腰舆、兜子等。大约在五代，出现了有顶的轿子。到北宋，虽然士大夫主要骑马或骑驴，"不甚用轿"[1]，但在民间已较为普遍使用。据张择端《清明上河图》和《宋史·舆服志》，一般轿呈长方形或正方形，饰有黄、黑两等，凸盖无梁，周围篾席，左右开窗，前面设帘，用两根长竿扛抬。南宋时，朝廷允许百官乘坐轿子，达到了"无人不乘轿"的程度[2]，民间使用更为普遍。在结婚仪式上，原来迎亲使用的交通工具——花车越来越被花轿所代

1　《朱子语类》卷 128。

2　《朱子语类》卷 128。

替。司马光说"今妇人幸有毡车可乘，而世俗重担子，轻毡车"[1]。"担子"即轿。据《政和五礼新仪》规定，皇帝娶皇后入宫，皇后乘坐肩舆（原注："肩舆为担子"）进堂上，再降舆升车。又据孟元老描述，亲王家的公主出嫁，乘金铜担子，轿顶用朱红漆的脊梁，盖以剪棕，装饰渗金铜铸云凤花朵，四周垂绣额珠帘、白藤间花。两壁栏槛都雕刻金花装的雕木人物、神仙。担子装两竿，用十二人抬，竿前后都用绿丝绦金鱼钩子钩定[2]。士庶之家和贵家女子婚嫁，也乘坐担子，但担顶上没有铜凤花朵。当时市面上有人专门出租担子。据吴自牧描述，南宋临安府民间在迎亲的日子，男家算定时辰，预先命"行郎"，指挥搬运花瓶、花烛、妆合、照台、裙箱、衣匣、交椅等人，还雇借官私妓女乘马，雇请乐官鼓吹，领着花担子，前往女家，迎接新人。花担子到女家后，女家置酒款待行郎，发给花红银碟、利市钱会（铜钱和会子），然后乐官奏乐催妆，时辰一到，催促登担；茶酒司互念诗词，催请新人出阁登担。新人由女家亲戚抱上新担后，抬担人不肯起步，仍念诗词，求取利市钱酒，称为"起担子"。女家发

1　《书仪·亲迎》。
2　《东京梦华录》卷4《公主出降》。

给钱会后，才抬起担子奏乐，迎到男家门口。这时预定时辰将到，乐官、妓女和茶酒司等人互念诗词，在门口索取利市钱物花红等，称为"拦门"。宋以后，新娘乘坐花轿的风气相沿不改，花轿的设备愈加讲究，花轿也愈加富丽堂皇。

三、撒谷豆、跨马鞍、上高坐的仪式

宋代新娘入门前要举行"撒谷豆"、跨马鞍以及新郎"上高坐"的仪式。《东京梦华录》和《梦粱录》都记载，新娘下花担子后，有"阴阳人"或"尅择官"手拿花斗，盛上谷、豆、铜钱、彩果、草节等，一边念咒文，一边望门而撒，小孩们争着拾取，称为"撒谷豆"。据传，这是为了厌青羊、乌鸡、青牛之神等三"煞"的。新娘下担子，不能踩到地面，而要在青布条或者青锦褥、青毡花席上走，由一名妇女捧镜面向担子倒行，又有数名妇女持莲座花烛导引前迎，先跨过马鞍和秤，再入中门。当晚，新郎要"上高座"。新郎身穿绿色公服，头戴簪上花和胜的幞头，在中堂登上置于一只榻上的椅子，称为"上高坐"。先是媒人，然后姨、姑各斟酒一杯，请新郎饮下，最后丈母请新郎饮酒，然后才下高座归房。"撒谷豆"是由民间的迷信而形成的仪式，而跨马鞍和上高坐则是受北方游牧民族影响的产物。

四、拜先灵和交拜仪式

宋代新郎和新娘还要举行"拜先灵"和交拜的仪式。新娘进入男家前，男家在影堂（摆祖先画像处）中设香、酒、菜肴等，舅（公公）和姑（婆婆）穿起盛装，站在堂上，一东一西，相对而立。赞引者把一对新人带到阶下或堂前，主持人进入堂中，焚香，跪着酹酒，俯伏，起立。祝者跪下宣读："某（婿名）以今月吉日，迎妇某（妇姓）婚，事见祖祢。"祝者起立，主持人再拜。司马光说："古无此礼，今谓之拜先灵，亦不可废也。"[1]表明"拜先灵"在当时是民间流行的一种习俗。《东京梦华录·娶妇》记载，新郎和新娘面对面各挽一段彩绢的一端，彩绢中间结一同心，新郎倒行，称"牵巾"，走到家庙参拜，

---

1 《书仪·亲迎》。

然后新娘倒行，扶入新房。在此以后，还要举行夫妻"交拜"的仪式。司马光认为"古无婿、妇交拜之仪，今世俗始相见交拜"[1]。交拜的仪式是这样的：新郎和新娘各由陪伴者（富家由女仆）引导，进入新房，中间布席，新郎立在东席，新娘立于西席，新娘先对新郎一拜，新郎答拜，新娘又一拜、两拜。然后新郎揖请新娘就座。这也是"乡里旧俗"，因为男子"以再拜为礼，女子以四拜为礼"的缘故。

五、结发的仪式

宋代新郎和新娘还有结发的仪式。唐代杜甫《新婚别》诗云"结发为君妇"，是说自孩提开始结发（束发）以来就为夫妻。西汉李广"结发"与匈奴战，是说"始胜冠年少时"[2]。从五代开始，出现父母为新人"合髻"的仪式[3]。宋代"世俗"沿袭此仪，仪式是这样的：男坐在左（宋代以左为尊），女坐在右，各留出一撮头发，由男、女

---

1 《书仪·亲迎》。
2 《鸡肋编》卷上。
3 《归田录》卷2。

两家提供丝织物、钗子、木梳、头䯼（一种发带）等，合梳为髻，然后喝"交杯酒"[1]。

六、各色新衣

宋代新郎根据身份穿着不同样式的新衣。宋代贫苦人家终身只穿麻布做的衣服，麻布当时通称"布"或"苎布"。贫苦人家的子弟只在做新郎时，穿绢做的新衣三天，称为"郎衣"[2]。一般富裕的平民子弟，在结婚时，按官府规定只能穿戴丝织的衣衫和幞头。至于贵族和官僚之家的子弟，则可以借穿官服。据《东京梦华录》和《梦粱录》描述，官宦人家子弟举行婚礼前，先由女家赠给新郎礼服——绿色的公服（公裳）、罗花幞头、靴、笏，新郎便在婚礼上穿戴，官府只准许品官子弟和三舍生在结婚时穿戴这种衣帽[3]，宋神宗元丰官制改革以后，六品到九品官可穿绿色的公服，所以官员子弟和三舍生的结婚礼服也是绿色的。当时习俗还喜欢在新郎的幞头上插戴花、胜，以致

---

1 《东京梦华录》卷5《娶妇》。
2 《鸡肋编》卷下。
3 《政和五礼新仪》卷179"三舍生及品官子孙假九品（服）"。

"拥蔽其首"，颇失大丈夫的气派，因此引起司马光的非议。他赞成实在不得已，不妨"随俗"，戴花一两枝、胜一二枚就可以了[1]。

---

1 《书仪·亲迎》。

第十章

宋代的服装风尚

作为"文明古国"的中国，亦是"衣冠王国"。《左传》定公十年疏云："中国有礼仪之大，故称夏；有服章之美，谓之华。"从夏、商朝开始，中国逐渐形成冠服制度，到西周时已基本完善。从此，帝王后妃、达官贵人以至黎民百姓，衣冠服饰都有一定的区别。同时，随着社会经济的不断发展和生活水平的不断提高，人们对衣冠服饰的要求也越来越高。隋、唐时期，国家统一，经济繁荣，服饰愈益华丽，形制更加开放，尤其在妇女中间，出现了袒胸露臂的现象。从唐代中叶以后，中国封建社会进入了中期，社会经济继续发展。到宋代，农业、手工业、商业和科学技术都有突出的发展，学术思想领域出现了长时期的百家争鸣的局面。作为当时物质文明和精神文明的综合反映，衣冠服饰出现了一些新的特色。

一、"衣服无章，上下混淆"

在现实生活中，宋代民间往往突破朝廷规定的等级制度，穿戴的衣冠上自皇帝、贵族、百官，下至士人、平民，没有绝对严格的差别。隋唐时期的幞头，发展到宋代，已成为男子的主要首服。人们一般都戴幞头（图一）。官员的幞头背后，装上两脚，用铁丝或琴弦、竹篾等为骨，一般为直脚。从宋初开始，直脚逐渐加长，目的是防止官员上朝站班时互相交头接耳（图二）。官员一般穿"公服"，宋初规定三品以上用紫色，五品以上朱色，七品以上绿色，九品以上青色（图三）。宋神宗时，改为四品以上紫色，六品以上绯色，九品以上绿色[1]。公服的形式，是圆领，大袖，下裾（大襟）加一横襕。到南宋时，由幞头改用幅巾，甚至岳飞这样的武将也以包裹幅巾为尚，冠帽之制渐衰。同时，百官的衣服由公服改为紫窄衫。赵彦卫说："至渡江，方着紫衫，号为'穿衫尽

1　《宋史》卷 153《舆服四》。

图一 《文苑图》 故宫博物院藏

图二　宋佚名《宋哲宗坐像轴》　台北"故宫博物院"藏

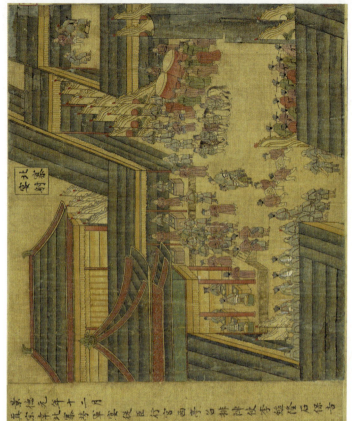

图三　北宋佚名《景德四图》(局部)　台北"故宫博物院"藏

巾'，公卿皂隶，下至闾阎贱夫，皆一律矣。"[1] 这种情况在北宋和南宋许多地方都不断出现过。哲宗至徽宗时人张耒在《衣冠篇》中说，当时胥徒的冠服与知州、县令相差无几，公卿大夫与武官、技术官的衣冠没有太大区别[2]。宋孝宗时人梁克家说，三十年前，"自缙绅而下"，"衣服递有等级，不敢略相陵躐"。而后"渐失等威，近岁尤甚，农贩细民至用道服、背子、紫衫者，其妇女至用背子、霞帔"[3]。朱熹也说过："今衣服无章，上下混淆。"[4] 到南宋末年，"衣冠更易，有一等晚年后生，不体旧规，裹奇巾异服，三五为群，斗美夸丽"[5]。这些情况表明，原来按规定只能穿白色和皂色服装的庶人、公人、商贾等，常常违禁穿戴官员才有资格穿戴的衣冠，而朝廷越是不断下令禁止百姓"逾僭"，越是证明这种"逾僭"的严重性和普遍性。

1　《云麓漫钞》卷4。
2　张耒：《柯山集拾遗》卷9。
3　《淳熙三山志》卷40《岁时·序拜》。
4　《朱子语类》卷91《礼八·杂仪》。
5　《梦粱录》卷18《民俗》。

二、崇尚素雅和大方、新颖

宋人的衣冠服饰崇尚素雅、大方和新颖。有些学者认为，宋代在"程朱理学影响下，服饰趋于拘谨和质朴"。这并不符合事实。程朱理学直到宋理宗时才受到统治者的重视，取得了学术思想上的统治地位。这时，宋王朝已经走过了大约六分之五的路程。程、朱理学对宋代服饰的影响并不像想象中的那样严重，何况朱熹还主张衣冠要"便身"和"简易"，否则要自然而然地被淘汰，这种观点倒是符合服装的发展趋向的。

文化的发展使人们对衣冠色彩的爱好，从鲜艳和单纯改变为繁复而协调，对比色调日趋稳重和凝练。宋代的服装，除北宋官员的公服以外，民间一般服装更多地使用复杂而调和的色彩。当时出现了印花的丝织品，在木板上雕刻图案，然后印在丝织品上，称"缬帛"。又出现了加入金线编织的丝织品，称"销金"。织锦也进入了全盛时期。尽管官府三令五申，禁止民间雕刻和买卖缬板，禁止服用"皂班（斑）缬衣"，禁止民间男女穿戴销金衣帽，但并未奏效。宋徽宗时，据孟元老《东京梦华录》记载，汴京大相国寺内，有尼姑公开出售"生色销金花样幞头帽子"。

宋孝宗时，知台州唐仲友在州衙召集工匠"雕造花板，印染斑缬，凡数十片"，运回老家彩帛铺使用[1]。《梦粱录》里也描写了南宋后期临安府大街上有"销金裙"、"段（缎）小儿销金帽儿"、"挑金纱异巧香袋儿"等出售[2]。

徽、钦时期，民间服装在色彩、款式、图案等方面出现了新风格。宣和年间（1119—1125 年），士庶竞相以鹅黄色为腰腹围，称"腰上黄"。妇女便服，不施衿（结带）纽，紧身短小，称"不制衿"。开始从宫廷外传，很快全国"皆服之"[3]。妇女的鞋底呈尖形，用双色合成，称"错到底"[4]。钦宗靖康初年（1126 年），汴京妇女的首饰、衣服、织帛等备有一年四季的节日礼物或花卉，称"一年景"。这些新式服装的竞相出现，表明当时民间已形成了一次突破服装旧格调、旧样式的新高潮。毋庸讳言，这是一种社会进步的现象。南宋时有些文人视之为奇装异服，与北宋的亡国联系起来，攻击为"服妖"[5]，实在是没有道理的。

---

1 《朱文公文集》卷 18《按唐仲友第三状》。

2 《梦粱录》卷 13《夜市》。

3 佚名：《东南纪闻》卷 3。

4 《老学庵笔记》卷 3。

5 《老学庵笔记》卷 2。

三、吸取少数民族服装的长处

宋代汉族人民充分吸收了周邻少数民族服饰的优点。仁宗、徽宗时期，曾屡次下诏禁止士庶和妇女仿效契丹人的衣冠和装饰，如庆历八年（1048年），禁止"士庶仿效胡人衣装，裹番样头巾，着青绿，及乘骑番鞍辔，妇人多以铜绿兔褐之类为衣"[1]。大观四年（1110年），又下诏说："京城内近日有衣装杂以外裔形制之人，以戴毡笠子，着战袍，系番束带之类"，"宜严行禁止。"[2] 政和七年（1117年）和宣和元年（1119年），又两次禁止百姓穿戴契丹服装，如毡笠、钓墩（即妇女的袜裤），违反者"以违御笔论"[3]。这说明违禁者极多，有无法禁绝的趋势。据袁褧记载，徽宗崇宁间（1102—1106年），汴京妇女们"作大鬓方额"；政和（1111—1118年）、宣和（1119—1125年）之际，"尚急扎垂肩"；宣和后，"多梳云尖巧额，鬓撑金凤"。还有"瘦金莲方"、"莹面丸"、"遍体香"，都是"自

---

1 《宋会要》舆服 4 之 7《臣庶服》。
2 《能改斋漫录》卷 13《诏禁外制衣装》。
3 《宋史》卷 153《舆服五》；《宋会要》舆服 4 之 7。

北传南者"[1]。契丹服装的颜色，如"茶褐、黑绿诸品间色"，也在这时传入汴京[2]。为汉族服色增添了新的色调。

必须指出，宋朝的服装，实际上只有"朝服"还保留一点汉制，其他都是从"胡服"变化而来的。朱熹说过："今世之服，大抵皆胡服，如上领衫、靴鞋之类，先王冠服扫地尽矣。"[3]

四、妇女戴盖头

唐代妇女骑马远行，为了防止风沙，多着幂䍦，全身遮蔽。后来改用帷帽，仅保护面部，"拖裙到颈"，"渐次浅露"。后来又戴起皂罗，五尺见方，也称"幞头"。宋人高承认为，这种幞头就是宋代的"盖头"[4]。周煇认为，宋朝妇女走上大街，用方幅紫罗，障蔽半身，俗称"盖头"，就是唐代帷帽之制[5]（图四）。

北宋中期，司马光在《家范》一书中，记载当时士大夫

1 《枫窗小牍》卷上。

2 《癸辛杂识》别集卷上《胡服间色》。

3 《朱子语类》卷91《礼八·杂仪》。

4 《事物纪原》卷3《帷帽》、《盖头》。

5 《清波别志》卷中。

图四　北宋张择端《清明上河图》中戴帷帽的妇女　故宫博物院藏

家的女子到官府打官司，"蒙首执牒"，"以争家资"。说明这时女子出门戴盖头，在士大夫家属中已经成为一种习惯。司马光提倡"男治外事，女治内事"，主张"妇人无故不窥中门"，"妇人有故，出中门，必拥蔽其面"。男仆入中门，妇女一定要回避，不能回避，必须用衣袖遮面。女仆无故，也不准出中门，有事走出中门，也要"拥蔽其面"[1]。南宋高宗时，朱熹任泉州同安县（治福建今县）主簿和知漳州（治今福建漳州）期间，见到妇女抛头露面，往来街上，下令以后妇女出门必须用花巾兜面，后人称为"文公兜"[2]。

由于士大夫们的提倡，宋朝妇女出门戴盖头者日益增多。汴京的妓女出门都将盖头背系在冠子上。替官员和贵族说媒的上等媒人，着紫背子，戴盖头[3]。在金明池附近开设的酒肆中，当垆少女出门时"幂首摇摇而来"，与男子们说话。元夕节观灯，妇女戴"幂首巾"上街，入曲巷酒店饮酒，仍"以巾蒙首"。荆南府（治今湖北江陵）妇女到医者家求医，"蒙首入门"。有的妇女在室内还用紫色盖头遮首[4]。南宋末年，甚至农村少妇出门，也要带上皂盖头。毛珝诗云："田

1　《家范》卷2《祖》，卷1《治家》。
2　《福建通志》总卷21《风俗志·泉州府》。
3　《东京梦华录》卷7《驾回仪卫》，卷5《娶妇》。
4　均见《夷坚志》。

家少妇最风流，白角冠儿皂盖头。笑问旁人披得称，已遮日色又遮羞。"[1]临安府富室的男女，在结婚前三天，由男家送给新娘一些"催妆"礼物，其中包括销金盖头。在举行婚礼时，新娘戴上盖头，然后由男家夫妇双全的女亲，用秤杆或机杼挑下盖头，新娘"方露花容"[2]。

五、背子的流行

在宋朝形形色色的服装中，背子是男子和妇女都穿

1　毛珝：《吾竹小稿·吴门田家十咏》。
2　《梦粱录》卷20《嫁娶》。

图五　南宋佚名《歌乐图》 上海博物馆藏

着的一种服装。它形制美观，穿着方便，所以深受人们的喜爱。

　　背子的形制与半臂、背心不同。背子的袖管长至手腕，两裾（衣服的前襟）平行而不缝合，两腋以下开衩。妇女的背子长度与裙子相等，袖子比衫子略宽[1]。一种样式是在两腋和背后都垂有带子，腰间用勒帛（一种束在外面用丝织物做的带子）束缚；另一种样式是不垂带子，腰间不用勒帛，任其左、右两襟敞开（图五）。半臂的袖管只及背子的一半，其袖长与现代的短袖衬衣相似。宋朝广州的妇女穿黑色的半臂，也称为"游街背子"[2]，半臂又与背

1　《事物纪原》卷 3《背子》。
2　《萍洲可谈》卷 2。

子不加区别。背心不装袖管，与现代一样。

有关背子的起源和最早使用的时间，历来有不同的说法。后唐马缟认为，隋朝大业末年（617年），炀帝的宫女和百官的母、妻等，以"绯罗蹙金飞凤背子"作为朝服和会见宾客、公婆的"长服"。唐玄宗天宝年间（742—756年），西川进贡五色织成的背子。宋朝人高承把背子的起源提前到秦代。他说，秦二世命令衫子上朝服外加背子，背子的袖管比衫子短，整个长度与衫子相齐[1]。叶梦得提出，背子原来是从称为半臂的武士服发展而来的，背子"引为长袖"，与半臂不同，腋下和背后都垂有带子。他曾见祖父家居和燕见宾客时"未甚服背子"。徽宗大观间（1107—1110年），他亲见宰相和执政接见堂吏，签押文书，"犹冠帽，用背子"。到他在北宋末、南宋初撰《石林燕语》时，这一服装制度废除了[2]。程大昌、朱熹、陆游等人对背子也各有考略与描述，可见背子是开始于宋朝以前，而兴盛于宋朝的一种服装。背子主要是从半臂发展而来的，到宋朝，背子不仅袖管加长，而且两裾加长。同时，男子和妇女的背子之制又有一定的区别：男子的背子

---

1 《事物纪原》卷3《背子》。
2 《石林燕语》卷10。

只是衬服，一般不穿在外作为常服；妇女的背子则作为常服甚至礼服穿用。据孟元老记载，上等媒人"戴盖头，着紫背子"；中等媒人"戴冠子，黄包髻，背子"[1]。耐得翁记载，临安府酒库在寒食和清明节前开沽煮酒，派娟妓打扮成三等装束，其中第二等为"冠子、裙、背者"[2]。在宋徽宗以前，背子一般要用勒帛束缚，徽宗以后就不用勒帛，变为散腰了，这样显得更为简便和潇洒。

---

1 《东京梦华录》卷 5《娶妇》。
2 《都城纪胜・酒肆》。

第十一章

宋代的生活用具

宋代家庭的用具随着社会经济和科学技术的发展，出现显著变化，不仅表现在数量的增加，而且表现在质量的提高和品种的增多等方面。南宋临安府的巷陌街市上，有民间需要的各种"家生动事"销售，诸如桌、凳、凉床、交椅、兀子、长桃（床板）、绳床、竹椅、裙厨、衣架、棋盘、面桶、项桶、脚桶、浴桶、大小提桶、马子、桶架、木杓、研槌、食托、竹夫人、懒架、木梳、篦子、刷子、刷牙子等[1]，应有尽有。这些形形色色的家庭日常用具，可以说已经具备了近代民间生活用具的初步规模。

一、家　具

宋代家具的最大特点是民间普遍使用椅子和桌子，彻

---

[1] 《梦粱录》卷13《诸色杂货》。

底改变了自古以来席地而坐的习惯。

中国古代的人们都在地面铺上席子，就地而坐，尚未使用桌子和椅子，当时只有"几"和"案"。几是坐具，案是饮食和写读的用具，下装四脚（无脚则为"檠"）。汉代开始出现了"胡床"，"施转关以交足，穿便绦以容坐，转缩须臾，重不数斤"[1]。胡床便是今天的"马扎"。隋代避讳，改胡床为"交床"[2]。交床又可称为"绳床"[3]。交床是坐具，如果简称为"床"，容易误解为一种卧具。如东晋王羲之"东床袒腹"，后世遂称女婿为"东床"，这里的床乃指交床，并非床榻之床（图一）。否则，"偃蹇"（迟钝）床榻，岂能写出《兰亭序》[4]？唐代李匡乂撰《资暇集》卷下记载："近者绳床，皆短其倚衡，曰'折背样'。言高不及背之半，倚必将仰，脊不遑纵。"据说，这种样式的绳床是"中贵人"（宦官）设计制成的，目的使臣僚在皇帝赐坐或在家端坐时，"不敢傲逸其体，常习恭敬之仪"，这种交床已经安装了一个不高的靠背。宋徽宗时，据张择端《清明上河图》描绘，汴京的"赵

---

1 《清异录》卷下《陈设》。

2 《演繁露》卷10《胡床》。

3 曾三异：《因话录》。

4 《瓮牖闲评》卷8。

图一　莫高窟北魏 257 窟西壁双人连坐胡床
《中国敦煌壁画全集》北凉北魏卷

太丞家"堂屋正中，摆着一把交椅，有坐垫，交椅上部
呈"ω"形，椅背的高度与现代的椅子相差无几（图二）。
图中还有一书铺的主人也端坐在交椅中（图三）。与出现
交椅同时，开始使用直腿的靠背椅子。五代南唐顾闳中
所绘《韩熙载夜宴图》，描绘了贵族韩熙载家的生活情
况，图中有好几只直腿靠背椅，椅上安装丝织的椅帔和
垫褥（图四）。到北宋，使用直腿的靠背椅者也逐渐增
多。今河南禹县白沙发现的北宋墓中，其第一号墓和第
二号墓的壁画都绘有墓主夫妇对坐像，各坐直腿靠背椅

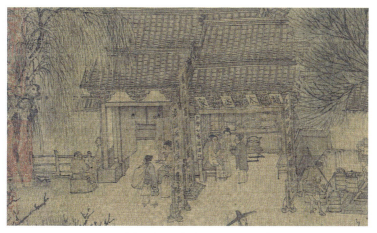

图二 《清明上河图》中赵太丞家的交椅

图三 《清明上河图》书铺中的交椅

图四　（传）五代十国顾闳中《韩熙载夜宴图》(局部)　故宫博物院藏

一把[1]（图五）。河南方城的北宋墓中，也曾发现石雕的直腿靠背椅[2]。

交椅和直腿靠背椅的出现，促使几和案的四腿相应增高，于是形成了桌子。敦煌第85号窟唐末壁画《屠房图》中绘有一种高桌，看来是中国历史上最早的桌子（图六）。四川广汉北宋墓中，出土一张长方桌中，四脚宽厚，四足呈马蹄形[3]。宋徽宗绘《听琴图》，绘有一张桌，四脚细直。这些都是宋代桌子的实证（图七）。尽管桌子甚至椅子，在宋代以前已经出现，但直到宋代才正式使用桌子和椅子这两个名称。北宋初年，杨亿撰《谈苑》，其中有造檀香椅、桌的记载。这时，桌、椅还局限于富贵之家使用。北宋中期以后，逐渐普及到平民百姓家庭。司马光在《书仪》一书中，多次提及民间使用桌、椅的情况。但是，这时还限于男子们使用。南宋初年人徐度指出，往时士大夫家，妇女坐椅子或兀子，则被人讥笑为没有"法度"[4]。所以，至少在北宋时期，坐椅凭桌只是男子们的特权。

北宋时期，椅子"只有栲栳样"，即圆形搭脑的圈椅，

1　见宿白：《白沙宋墓》，文物出版社1957年版。
2　《文物参考资料》1958年第11期。
3　《考古》1990年第2期。
4　《老学庵笔记》卷4。

图五　白沙宋墓壁画中的直腿靠背椅　《白沙宋墓》图版伍

图六　《屠房图》中的高桌　《中国敦煌壁画全集》晚唐卷

绳编的软坐屉，宰执、侍从官都用作坐具。到南宋时期，椅子的制造技术日益提高，使之日臻完善，出现了"太师椅"等新的样式。据王明清记载，宋高宗绍兴初年（1131年），临安府长官梁汝嘉根据一名官员的建议，在交椅的靠背上插上一块荷叶一样的木板，人们坐在椅子上，可以"仰首而寝"。到宁宗嘉定元年（1208年）王明清作此记录时写道："今达宦者皆用之。"[1]这种可以枕首的交椅当时称为"太师样"。张端义认为，这种椅子是临安府一位名叫吴渊的长官发明的。因为，他看到太师秦桧在国忌所坐在

1　《挥麈三录》卷3。

吟徵調宮竟不桐
松間疑有入松風
仰窺低審含情客
以聽無絃一弄中
臣京謹題

聽琴圖

图七　北宋赵佶《听琴图》故宫博物院藏

交椅中，偃仰片刻，头巾坠地，乃设计了荷叶托首四十柄（把），运往国忌所，命工匠当场安装好，凡宰相、执政、侍从官都有，于是号称"太师样"[1]。太师椅使人的头部有所倚靠，是交椅制造的一大进步。但坐在太师椅上，两臂仍然无处安放，于是又有"三清椅"的出现。朱熹说："凡是坐物有可以按手者，如今之三清椅。"[2]从而使两臂搁在"按手"上。现存有关宋人的一些图画中，还保存着南宋交椅或太师椅的样式。如南薰殿旧藏《历代名臣像》所绘岳飞（图八）和宋人画《三顾茅庐图》所绘一名武将，皆坐着交椅（图九）。宋人画《春游晚归图》也绘有一名官员出游，其仆从肩扛着一把太师椅，从其形制看，显然是折叠结构，而且靠背上还安装着荷叶托首（图十）。

在宋代，椅、桌一般还使用"倚"、"卓"两字。后来有些人逐渐改用木字旁的"椅"和"棹"字，如李心传《建炎以来系年要录》卷171载有"合州螺钿椅棹"，即是。但"棹"字使用不太普遍。宋哲宗、徽宗时人黄朝英认为，"今人用倚、卓字多从木旁，殊无义理"。"倚、卓之字，虽不经见，以鄙意测之，盖人所倚者为倚，卓之

1　《贵耳集》卷下。
2　《朱子语类》卷87《礼四》。

图八　南薰殿旧藏《历代名臣像》所绘岳飞　故宫博物院藏

图九　明仇英临宋人《三顾茅庐图》　上海博物馆藏

图十　宋佚名《春游晚归图》　故宫博物院藏

在前者为卓，此言近之矣。"他不赞成用"棹"、"椅"之字[1]。直到南宋末年，桌子大都使用"卓"字，不过椅子则更多地使用"椅"字。如《武林旧事》卷3《乞巧》记载，"七夕前，修内司例进摩睺罗十卓，每卓三十枚"。同书卷2《舞队》也载有"交椅"一词。

桌子和椅子的普遍使用，逐步改变了人们的礼仪。在席地而坐的时代，人们坐的姿势是两膝着地，脚掌朝上，身子坐在脚掌之上，这种坐的方式与宋代的"胡跪"差不多。当时，没有盘坐即盘腿而坐的。坐与跪不同，跪的姿势虽然也是两膝着地，但要伸直腰和腿，"君前臣跪，父前子跪"，较为严肃；坐则较为放松。古人长期习惯这种实际是跪坐的姿势，所以脚并不感到疼痛。人们在会见宾客时，便形成几种跪、拜的仪式：拱着两手，自上而下着地，头保持不动，称为"肃拜"；把头顿在手上，称为"顿首"[2]；却其双手而把头着地，时间延续稍长，称为"稽首"。这些跪、拜的仪式都是因为席地而坐而自然形成的[3]。到宋代，由于有了椅子，人们都垂足而坐，因此跪、拜的姿势也发生了变化。古代妇女标准的拜是肃拜，宋代

1　黄朝英：《靖康缃素杂记》卷3《倚卓》。

2　黄庭坚：《山谷别集》卷6《杂论》认为顿首为"叩头至地"。

3　《朱文公文集》卷68《跪坐拜说》。

妇女一般的拜，则只是屈膝，两膝并不跪地。一般男子的拜，先屈一膝，称为"雅拜"[1]。两膝跪地，犹如古人的拜，是道士们拜的姿势[2]。

应该指出，宋代人们垂足而坐，据桌坐椅而读书、写字、饮食等，不再只在床上活动，这极其有益于促进下肢的发达，增加身高，这对增进人们的体质和大脑的发达是十分有利的。

随着桌、椅的流行和人们起坐方式的改变，其他家具的尺度也相应地增高了。如床榻、镜台、屏风等。各种家具在室内的布置还有了一定的格局，大致有对称和不对称两种方式：一般厅堂在屏风前正中置椅，两侧又各有四椅相对，或仅在屏风前置两只圆凳，供宾主对坐。书房和卧室的家具布局采用不对称方式，没有固定的格局。此外，适应宴会等特殊需要，家具的布置出现一些变体[3]。宋人绘《汉宫图》中，就有排椅，前排四只直腿靠背椅连成一体，下边还有踏脚板垫，看来是供高级官员们集会时使用的（图十一）。

1　《鹤林玉露》甲编卷4《男子妇人拜》。

2　《朱子语类》卷91《礼八·杂仪》。

3　刘敦桢：《中国古代建筑史》第六章《宋、辽、金时期的建筑》，中国建筑工业出版社1984年版。

图十一 （传）南宋赵伯驹《汉宫图》 台北"故宫博物院"藏

二、炊　具

宋代的炊具与前代不同之处，表现在炉灶的进步上。民间的日用炉灶，主要有三种，第一种是低矮的陶灶，烧火人用烧火棍向灶膛吹气。今四川广汉一号北宋墓和广元宋墓，均出土过陶灶和烧火人俑以及《庖厨图》石刻[1]（图十二、十三）。在多幅宋人绘画中，船民所用的炉灶几乎都是这种样式的陶灶。第二种是砖砌的陶灶。这种炉灶在当时也普遍使用。第三种是风炉，炉身周围通风。南宋临安府的巷陌街市上，经常有修灶或泥灶的工匠，还有专卖泥风炉和小缸灶儿的店铺[2]。除此以外，从北宋开始，北方的居民普遍使用石炭（煤）作为燃料，煤的火力足和燃烧时间长，所以改用一种炉膛较小的炉灶。北宋的一块画像砖上，绘刻一位高髻妇女，腰缠围裙，挽袖，正站在一张方桌前治鱼。桌前安放一只方形火炉，炉火熊熊，上置一只双耳铁锅，锅中的水或油正在沸腾。火炉支

---

1 《考古》1990 年第 2 期，图版陆之 7；《文物》1982 年第 6 期，图版七之 2、6。
2 《梦粱录》卷 13《诸色杂货》。

上：图十二　四川广元宋墓中的《庖厨图》《文物》1982年第6期

下：图十三　四川广汉宋墓出土的厨炊俑 《考古》1990年第2期

图十四　《妇女斫鲙图》《文物》1979 年第 3 期

撑在一只方形铁架正中，炉膛较小[1]（图十四）。显然，这
是一新型的烧煤的炉灶。

---

1 《文物》1979 年第 3 期，图版七之 4。

三、灯　具

宋代灯具比前代形制多样，日常用的灯具一般有瓷制和金属制两种，节日用的灯盏有用琉璃、纸、罗帛等材料制成的。瓷灯的釉色丰富多彩。当时流行青瓷灯，还有绿釉瓷灯和影青釉盏形瓷灯。今山西太原小井峪49座宋墓中，曾出土瓷灯31盏，大小不一，分黑、白两种釉色，均作素面；灯身小口，唇外折，宽沿。河南鹤壁集瓷窑遗址出土的瓷灯，分为三式，一为三节式，上部三棱形莲瓣贴附在口沿上，下有盘，敞口，弧腹内收，下承灯座，底大于上部。二为平折沿灯盘，下有喇叭形圈足，口沿平而上绘黑彩花卉。三为撇口、宽肩、白釉，肩有贴花。民间还常常使用普通的小碗或小钵作灯盏，宋墓中常出土青白釉碗，放置在墓壁砌出的灯擎之上。山西高平县开化寺北宋壁画《善事太子本生故事》，描绘一台织机旁的墙壁上，端放着一盏瓷碗的灯（图十五）。

宋代出现了一种节省燃油的瓷灯，称为"省油灯"或"夹瓷灯"。陆游记载：北宋初文人宋白的文集中有《省油灯盏》诗，现今嘉州（今四川乐山）也有这种灯，实际就是夹灯盏。这种灯一头开个小洞，灌进清冷水，每晚换一

图十五　开化寺北宋壁画《善事太子本生故事》中的灯

次。一般灯被火苗烧灼，灯油很快干燥，这种灯则不然，可以节省一半灯油。邵博任嘉州知州时，曾屡次将这种灯馈赠在朝的士大夫[1]。陆游还说过："书灯"切不要使用铜盏，只有瓷盏最省油。四川有一种夹瓷盏，"注水于盏唇窍中，可省油之半"[2]。临安府的414行中，有一行的店铺专门销售"读书灯"，可能就是指夹瓷盏[3]，如同现今的读书台灯一样受人喜爱。这种灯具的发明，凝结了宋代人民的智慧和才能[4]。

四、其他日用器具

宋代其他日用器具中，有折叠扇、钢针、剪刀、竹夫人、汤婆等值得一提。

在中国古代，扇子可以分为团扇、折叠扇、掌扇、五明扇、雉尾扇等。其中关于折叠扇即折扇的起源和流传的历史，历来有一些不同的说法。明代人刘元卿在《贤奕

1　《老学庵笔记》卷10。

2　陆游：《斋居纪事》。

3　孟元老：《西湖老人繁胜录》。

4　《中原文物》1985年第2期，第79—80页。

编》卷4《闲钞下》中认为，折叠扇，一名撒扇，始于永乐年间（1403—1424 年），因朝鲜进贡，乃流传民间。郎瑛在《七修类稿》卷下《续稿·折叠扇》，陆深在《春风堂随笔》中都提出，北宋时已有折叠扇，以苏轼"高丽白松扇，展之广尺余，合之只两指"诗句为证。近人李思纯先生主张"汉唐用团扇，六朝尚羽扇，宋创折叠扇，传入欧洲"[1]。还有人认为折扇是从元朝开始，由朝鲜、日本传来的。其实，这些说法都不太正确。据《资治通鉴》卷135记载，南北朝时的南齐高帝建元二年（480 年），司徒褚渊入朝，用"腰扇"遮蔽阳光。宋末元初人胡三省注云："腰扇，佩之于腰，今谓之折叠扇。"可见早在南北朝时已经使用折叠扇了。以后各代，朝鲜或日本不断把折叠扇带到中国来，但一直没有在民间得到广泛的流传。到北宋时，折叠扇再度从朝鲜传入，苏轼诗中"高丽白松扇"即是指此。辽兴宗平时衣袖中也收藏素面折叠扇，遇到有人创作出好诗，他就命近臣写到扇上[2]。南宋初年，宋高宗逃到明州，曾随身携带一柄折叠扇，用玉雕童子为扇坠[3]。宋宁宗初年，赵彦卫撰《云麓漫钞》卷4记载："今人用折

1　《文史》第三辑《学海片麟录》之一六。

2　王珪：《华阳集》卷 38《赵康靖公墓志铭》。

3　《湖海新闻夷坚续志》前集卷 1。

图十六　"枪金花卉人物奁盖"上的折叠扇图 《文物》1979 年第 3 期

叠扇，以蒸竹为骨，夹以绫罗。贵家或以象牙为骨，饰以金银，盖出于高丽。"临安府还开设专门销售折叠扇的店铺，其中著名的有"周家折揲扇铺"[1]。南宋末年，周密说，日本人在宋朝使用"聚扇"即折叠扇，和"倭纸"做扇面，用雕木做扇骨，绘有金银花草等画[2]。现在可以看到的最早的折叠扇图，见于江苏武进出土的南宋温州所造"枪金花卉人物奁盖"上（图十六）[3]。

宋代冶铁业发达，冶铁技术提高，不仅生产出许多铁

1　《梦粱录》卷 13《铺席》。

2　《癸辛杂识》续集卷下《倭人居处》。

3　《文物》1979 年第 3 期，图版贰之 4。

制的农具、工具，而且生产出更多、更精致的生活用具。中国大约在春秋后期，齐国人开始用铁针缝制服装。北宋初，朱姓和汤姓工匠擅长生产钢针，他们"谙熟精好，四方所推"，制造的"金头黄钢小品"，医工可以用来砭刺；大三分的钢针可以用来缝衣；小三分的钢针可以用来绣花[1]。衡州耒阳县（今属湖南）和济南府（治今山东济南）的钢针，是当时的名产。现存"济南刘家功夫针铺"的广告版，注明商标，是一件比较珍贵的文物（图十七）。南宋临安水巷桥河下针铺，也是当时著名的店铺之一[2]。中国古代的剪刀，最初中间没有轴眼，不装支轴，只是在一根铁条的两头锻成刀状，再将中段弯成"8"字形，利用熟铁的弹性，使刀口一张一合。到北宋时，剪刀的基本形状仍是如此。据北宋初人陶榖记述，饶州葡溪炼出的铁器"精而工细"，剪刀"皆交股屈环"，是亲友之间惠赠的礼品[3]。同时，又出现了如同现在样式的剪刀，在刀刃和把柄的中间，钉上支轴，使用时省力，提高功效。河南洛阳宋神宗熙宁五年（1072 年）墓中，曾出土这种较为先进的剪刀。《清明上河图》所绘桥梁上摆有地摊，商贩

1 《清异录》卷下《器具》。

2 《梦梁录》卷13《铺席》。

3 《清异录》卷下《器具》。

图十七　"济南刘家功夫针铺"广告青铜版　中国国家博物馆藏

出售的许多商品中，既有"8"字形剪刀，又有支轴形剪刀，但把柄较长（图十八）。北宋时，邠州（治今陕西彬县）每年向朝廷进贡剪刀二十具[1]。宋理宗嘉熙元年（1237年），林洪撰《文房图赞》中，绘有一种被赞美为"齐司封"的支轴形剪刀图，且说明此剪刀"居并州（治今山西太原）"（图十九）。各地还制造铁尺。北宋泾州（治今甘

---

1 《宋会要》崇儒7之56。

肃泾川北）专产嵌镴石（即黄铜）的铁尺，"甚工巧"，每一对值五六贯文铜钱[1]。今存河南巩县出土的一把铁尺，长32厘米，是研究宋代尺度的一件重要资料[2]。

宋代还出现了一种名叫"竹夫人"和"汤婆"的卧具。"竹夫人"是用竹篾编成的圆笼，长与身等，夏天放在席上，以倚靠手足，较为舒适。黄庭坚认为，以夫人"憩臂休膝，似非夫人之职"，乃改名"竹奴"。又因其冬夏长青，

图十八　《清明上河图》中的剪刀

1　《鸡肋编》卷上。
2　《考古》1963 年第 2 期。

故称"青奴"[1]。许多文人都为此赋诗。"汤婆"是一种用锡制成的壶，将热水灌其中，冬夜放在被内，用以温足，又称"脚婆"或"锡奴"、"汤夫人"。黄庭坚《戏咏暖足瓶二首》诗云："小姬暖足卧，或能起心兵。千金买脚婆，夜夜睡天明。""脚婆元不食，缠裹一衲足。天明更倾泻，颒面有余燠。"[2]十分风趣地描绘了这一生活用具的功能和使用情况。

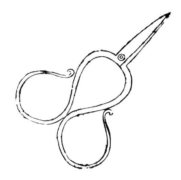

图十九　《文房图赞》中的支轴形剪刀图

五、器用"人自为制，无复纲纪"

宋朝官府规定各等级的居民，在器用方面有一定的区

---

1 《豫章黄先生文集》卷9。
2 《山谷内集》卷7。

别。如宋仁宗景祐三年（1036年），规定"士庶之家"的器用，表里不得涂朱漆或金漆下衬朱漆。非三品以上的官员和宗室、戚里，不得使用金釦（镶嵌器物）器具；使用银釦者，不得涂金。非命妇之家，不得穿珠玉为饰的衣服，等等[1]。但是，随着社会经济的发展，民间使用器物，往往超越官府的规定。嘉祐七年（1062年），司马光上疏指出，现今"内自京师士大夫"，"外及远方之人，下及军中士伍、畎亩农民"，其服食器用，比几十年以前，"皆华靡而不实矣"。以致人们见到从前的旧物，都"以为鄙陋而笑之矣"[2]。表明在司马光生活的几十年里，各种器用前后发生了很大的变化。不仅是品种增多，而且是造作日趋精致。宋徽宗政和元年（1111年），有些官员向朝廷提出，当时的"宫室器用，家殊俗异，人自为制，无复纲纪"，而且一直无法革除[3]。这种发展趋势，一则促使了手工业的继续发展，给人们的生活带来了许多方便；二则有利于冲击封建等级制度，所谓"世染污俗，冒上无等"[4]，正是对等级制度发动冲击的生动写照。

1　《长编》卷119。

2　《长编》卷196。

3　《政和五礼新仪》原序。

4　《政和五礼新仪》原序。

第十二章

宋代的丧葬习俗

　　宋代的丧葬，包括丧和葬两个方面。在社会经济和科学技术发展的基础上，既受到佛教、道教和民间其他迷信习俗的深刻影响，又受到正在形成体系中的理学以及周邻少数民族的影响，与前代有很多不同。

一、薄　葬

　　宋代薄葬蔚为风气。在中国奴隶制社会，奴隶主为了在死后继续过着骄奢淫佚的生活，不惜把大批奴隶和牲畜、日常用品殉葬。进入封建社会以后，地主贵族虽然比较少地以奴隶和牲畜殉葬，而代之以各种材料制成的俑与牲畜。用陶、瓷制作了精美的俑、楼屋、鸡狗马豚、粮瓶，以及木制的食碗、羽觞等随葬。此外，还有许多珍宝、钱币。宋代理学家朱熹说过："古人圹中，置物甚多。"[1]唐代虞

---

[1]《朱子语类》卷89《礼六·冠昏丧》。

世南曾经主张皇帝的山陵应该薄葬、明器要用陶、木制造，不要用金、银、铜、铁，认为这样可以避免后人利其珍宝而盗掘[1]。五代后周太祖郭威也戒厚葬。提出必须薄葬[2]。这一时期人们所提出的减少殉葬物品的主张，集中在减少金银财宝，而代之以陶俑、木俑和陶、瓷制用具等。

到宋代，社会上主张薄葬者增多，官府也明文禁止厚葬，所以薄葬逐渐成为一种风气。宋仁宗时，翰林学士承旨宋祁撰《治戒》篇授其子，提出他身后应该三日敛，三月葬，不为流俗阴阳拘忌；棺用杂木制成，不要将金铜杂物放入墓中；墓地种五棵柏树，坟高三尺，不得用石翁仲和石兽[3]。司封员外郎曹修睦临终遗言，要求其子薄葬，不准举行世俗所用浮屠（佛）法、输钱、击钟等仪式[4]。太子太师致仕杜衍在弥留之际，告诫其子"敛以一枕一席，小圹卑坟以葬"[5]。甚至像王安石的外祖母黄氏，病重时"以薄葬命子"[6]。一些士大夫筑墓，不用砖头，只用石灰和筛

1　《全唐文》卷138虞世南《上山陵封事》。

2　应俊：《琴堂谕俗编》卷上《保坟墓》。

3　宋祁：《景文集》卷48《戒》；《宋史》卷284《宋祁传》。

4　《蔡忠惠公集》卷34《尚书司封员外郎曹公墓志铭》。

5　《长编》卷185，嘉祐二年二月壬戌。

6　《王文公文集》卷86《外祖母夫人墓表》。

土夯实，避免将来被村民发掘而盗取砖头出卖[1]。宰相晏殊和侍中张耆死后，都葬在许州阳翟（今河南禹县），相距数里。有人先盗掘张耆墓，从中得到金宝珠玉甚多，遂完其棺椁而去。后来又盗挖晏殊墓，所得仅木胎金裹带一条和金数两，明器都是陶制品，颇为失望，遂用刀斧劈碎遗骨。这件事使有些学者认为，张耆"以厚葬完躯"，晏殊"以薄葬碎骨"[2]，是"俭葬之害"[3]。尽管如此，司马光在《书仪》中拟定丧仪，劝告世人"慎勿以金玉珍玩入圹中，为亡者之累"[4]。南宋时，理学家李衡死前作遗训示子：他瞑目后，棺木"以小为贵，仅能周身足矣"，棺中不放一物，即使冠、裳也属无用，只需裁一席子垫背即可[5]。朱熹提出，丧事不用冥器、粮瓶，这些东西"无益有损"，棺椁中不放置一件世俗的用物[6]。

　　宋朝官府还制定法律如"丧葬令"，规定棺椁内不得安放金宝珠玉，不准用石板作为棺椁和建造墓室。对墓田的面积、坟的高度、石兽和明器的数量等，都有官员品级

---

1 《江邻几杂志》。
2 《东轩笔录》卷7。
3 《鸡肋编》卷上。
4 《司马氏书仪》卷8《丧仪四》。
5 《永乐大典》卷10422《李字》。
6 《朱子语类》卷89《礼六·冠昏丧》。

的限制。其中明器规定五品、六品官准许用三十件；七品、八品，二十件；非京朝官，十五件[1]。明器中的方相和魌头，规定四品以上官员用方相，以下只准用魌头[2]。

　　近几十年来，考古工作者从宋墓中所得器物，远远少于汉墓和唐墓。如四川地区宋墓中很少有金属器，几乎全是陶制冥器，瓷器偶有发现。虽然也常有铜钱或铁钱殉葬，但一般不过数枚[3]。在河南、陕西一带所发现的许多宋墓，大多由成型的墓砖仿照木建结构拼搭而成，墓室内的供桌和椅子、供品、酒具、门窗、衣柜、女使等皆刻在墓砖上，呈浮雕状。显然，这种砖墓已经由窑主成批生产，然后配套出售。死者亲属只需订购一套砖墓，临时按图拼搭即成，可以节省许多麻烦和费用。墓中随葬的物品自然不多，只有一方墓志或买地券，一至十几枚铜钱，一两只瓷碗或陶罐而已[4]。在江、浙地区，宋墓往往采用石顶砖室形制，墓内置铁牛、陶罐、瓷碗、铜钱等，数量并不多，另加一块墓志。如上海市嘉定区北宋夫妇墓，仅出土

1　《朱子家礼》卷4《丧礼·治丧》。

2　《庆元条法事类》卷77《服制门·丧葬》。

3　王家祐：《四川宋墓札记》，《考古》1959年第8期。

4　《方城县朱庄宋墓发掘》，《文物》1959年第6期；何凤桐：《洛阳涧河两岸宋墓清理记》，《考古》1959年第9期。

四系釉陶罐一只、陶坛一只、陶瓶两只、铜钱三百余枚、铁牛四只、墓志一方[1]。这些墓葬的发掘结果常常使考古工作者空欢喜一场。当然，少数宋墓出土较多的器物，也是有的。

以上事实证明，薄葬已成为宋代的一种社会风气。这种风气的形成，显示人们追求现实生活的享受，是社会进步的一个表现。自然，丧葬礼仪是具有阶级性的，它有着严格的等级内涵。宋代的薄葬，是依据死者的身份、地位和财富的不同而有厚、薄之分的。

二、纸钱和纸质明器

宋代更多地使用纸钱和纸质明器。中国古代祭祀鬼神，有圭璧、币帛，祭毕埋下。汉代人墓葬也多瘗钱，即将当时流通的钱币入葬，且数量极大。后世偶然掘地得钱，称为"掘着窖子"[2]。汉代以后，人们逐渐使用纸钱，用以代替铜钱。

1　《上海嘉定宋赵铸夫妇墓》，《文物》1982年第6期。
2　《猗觉寮杂记》卷下。

关于纸钱的起源，有几种说法：一是魏、晋说。唐代封演《封氏闻见记》卷6《纸钱》提出，"魏、晋以来，始有（纸钱）其事"。"今自王公，逮于匹庶，通行之矣"。人们"送葬，为凿纸钱，积钱为山，盛加雕饰，异以引柩"。封演是唐玄宗至唐德宗时人，说明此时民间送葬已较多使用纸钱。二是南齐东昏帝说。南宋叶某（名佚）在《爱日斋丛钞》中提出此说[1]。三是唐玄宗时王屿说。《新唐书》卷109《王屿传》记载，王屿在唐玄宗开元二十六年（738年）任祠祭使，始正式用纸钱禳被祭祀。宋人戴埴在《鼠璞·寓钱》和高承在《事物纪原》卷9《寓钱》中，都认为王屿开始正式在丧祭时焚纸钱，较为可信。笔者以为，从王屿开始，官府在祭祀仪式上使用纸钱；同时，也应该承认在王屿之前，已经出现了"里俗稍以纸寓钱为鬼事"[2]的现象。到宋代，在丧葬和祭祀仪式上人们使用纸钱已极为普遍。北宋初，在福州的东岳行宫，人们都用纸钱去"祭神""乞福"。据当时人描写，这些纸钱数量之多好似"飞雪"[3]，最后将这些纸钱焚烧。民间在每年寒食节（冬至后第一百零五天。寒食第三天

1　见《说郛》卷17。

2　《新唐书》卷109《王屿传》。

3　《淳熙三山志》卷8《公廨类二·祠庙》。

为清明节）扫墓，不设香火，把纸钱挂在墓旁的树枝上。离故乡远者，登上高山，眺望而祭，撕裂纸钱，随风飞去，称"掰钱"[1]。司马光和南宋末年人俞文豹都记载，当时民间逢到丧事，亲友们都赠送纸钱、纸绢等，"焚为灰烬，于生死俱无益"[2]。只有少数纸钱随墓主入葬。如今江西德安南宋周氏墓内，在出土的一件绣花荷包中，藏有十多枚白色的纸钱。宋孝宗在祭祀自己祖先时，也焚烧纸钱。谏官们认为世俗使用纸钱，是佛教"使人以度其亲"，但"圣主"不宜用此。孝宗生气地说："邵雍是什么人，而祭祖也用纸钱？难道生人处世，像你能够一天不用一文钱？"[3]

社会上纸钱需要量的逐渐增大，使纸钱的生产和经销成为一项专门的行业。宋仁宗时，李宸妃之弟李用和早年与其姊失散，流落在汴京，因穷困，乃以凿纸钱为业。宁宗初年，绍兴府诸暨县陆生，也"以打凿纸钱为业"[4]。有的纸钱户身怀"绝艺"。有人在泰山见到一名凿纸钱者表演技术，叠起一百张纸凿成钱，"运凿如飞"，凿毕，拿起

1 《鸡肋编》卷上。
2 《司马氏书仪》卷5《丧仪一》；俞文豹：《吹剑录外集》。
3 《枫窗小牍》卷下。
4 《长编》卷111，明道元年三月癸巳；《夷坚支景》卷8《诸暨陆生妻》。

纸，上面九十九张都成为纸钱，而最底下的一张纸竟然丝毫未见凿痕[1]。有的政治家如宋高宗时的廖刚，曾在《乞禁焚纸札子》中指出："世俗凿纸为缗钱，焚之以徼福于鬼神者，不知何所据依？""积习久远"，送终祭祖者借此表示孝心，祷祀祈祝者借此致其诚意，因而"使南亩之民转而为纸工者十且四五，东南之俗为尤甚焉"[2]。廖刚和俞文豹当然是反对在丧葬、祭祀时使用纸钱的。理学家朱熹也比一般人高出一筹，他在祭祀亡母或在家祭享时完全不用纸钱[3]，这在当时是难能可贵的。

宋代还流行用纸质的明器来代替陶瓷的明器和实用器物。纸质的明器开始于唐代中期以后。司马光说："自唐室中叶，蕃镇强盛，不遵法度，竞其侈靡。"他们扎成祭屋，高达数丈，宽数十步，又扎起鸟兽、花木、车马、仆从、侍女，穿上用缯绮做成的衣服，待柩车经过时，全部焚烧[4]。到北宋初年，长安（京兆府）民间遇丧葬时，陈列偶像，其中外表用绫绡金银做成的偶像称"大脱空"，外表用纸并着色的偶像称"小脱空"。长安城里有专门生产

1　《因话录》，《说郛》卷 19。
2　《高峰文集》卷 1。
3　《朱子语类》卷 90《礼七·祭》。
4　《司马氏书仪》卷 7《丧仪三》。

和经销"脱空"的许多店铺,组成"茅行"[1]。用丝织品做成明器焚烧,自然仍属侈靡、浪费。所以,此后更多地使用纸质的明器。孔平仲说:"今之流俗,不用皮革、羽毛之类置柩中,至用楮带、木笏。"[2]纸质明器常常用来焚烧,作为送给亡人的礼物;也有用来殉葬入墓的[3]。汴京和临安府都开设一些纸马铺,除专门雕印钟馗、财马等赠给顾客外,还能用纸、芦苇扎成楼阁[4]以及人物之像。这些楼阁和人物、鸟兽等像都是当时丧葬和祭祀仪式上的常用物品。

以陶瓷俑代替活人和牲畜殉葬,是人类社会的一大进步。从唐代中期以后,以纸钱和纸质明器代替实钱和陶瓷明器,又是社会的一次不小的进步。虽然在宋代纸钱和纸质明器始终没有能够完全代替实钱和陶瓷明器,但代替相当一部分是可以肯定的。同时,不容忽视,纸钱和纸质明器的使用,与佛教的提倡也有很大关系。当然,如果宋代的造纸业和雕版印刷业不发达,就难以利用纸张来凿钱和做成明器。所以,纸钱和纸质明器的大量使用,毫无疑义也是宋代社会进步的标志之一。

1　《清异录》卷下《丧葬》。
2　孔平仲:《珩璜新论》卷2。
3　李俊民:《庄靖集》卷10《抄纸疏》。
4　《梦粱录》卷6《十二月》;《东京梦华录》卷7《清明节》。

三、火　葬

宋代火葬也颇为流行。土葬和火葬是当时的两种主要的葬法。火葬由来已久，但只流行于少数民族之中，汉族则视火葬为对死者很严厉的惩罚，所谓"古人之法，必犯大恶，则焚其尸"[1]。祖宗被"焚尸扬灰"，对子孙来说是莫大的耻辱。东汉初年，佛教传入中国，僧侣火葬的习惯随之在民间传播开来。大约在唐代，火葬迅速推广。唐代太常博士吕才撰《葬书序》说："世又有用羌胡法，自焚其柩，收烬骨而葬之者，人习以为常，恬莫之怪。"[2]所以，宋太祖在建国伊始，就下诏"禁民以火葬"，诏书说："近代以来，率多火葬，甚愆典礼，自今宜禁止之。"宋太祖把这一禁令看作"厚人伦而一风化"的一个措施[3]。不过，这一禁令并没有得到认真的贯彻。河东路百姓因为"地狭人众，虽至亲之丧，悉皆焚弃"[4]。士大夫到外地做官，不

1　程颢、程颐：《二程遗书》卷 2 上。
2　司马光：《家范》卷 5《子下》。
3　王偁：《东都事略》卷 1。
4　《宋史》卷 125《礼二十八》。

幸病死任上，子孙也火焚其柩，收集骨殖带回故里安葬[1]。
朝廷明文规定凡军人出戍，死后准许火葬，再将骨灰运
回。又规定在京城郊坛三里以外，"方得烧人"。说明朝廷
允许京城外进行火葬。这可能是为了使京城的环境免受污
染。对此规定，二程认为国家实际上是"明立条贯，原不
为禁"。因此，民间把火葬看作合乎礼法，"虽孝子慈孙，
亦不以为异"[2]。南宋高宗时，监登闻鼓院范同认为"方今
火葬之惨，日益炽甚，事关风化，理宜禁止"。户部侍郎
荣薿提出，由朝廷下令禁止火化，确是善政。但吴越地区
的风俗，葬送费用多，必须积蓄而后置办。至于贫下之
家，"送终之具，唯务从简"，所以从来把火葬看做方便之
举，相习成风，难于骤改。同时，各地官府一时无法找到
足够的荒地安置贫民的遗体。既然埋葬没有地方，立刻下
达火化之禁，恐怕难以安定人心。因此，不如重申严禁豪
富、官员病故火葬，其他贫下之民和客旅远方的人，"姑
从其便"[3]。显然，火葬具有省钱和省地的优点，加上朝廷
允许一般百姓照此办理，这样，火葬就更盛行了。宋光宗
时，周辉说，浙右水乡风俗，人死之后，尽管是"富有力

1　《司马氏书仪》卷 7《丧仪三》。

2　《二程遗书》卷 2 上。

3　《宋史》卷 125《礼二十八》。

者"，也"不办蕞尔之土以安厝"，却用火焚烧。僧寺因为有利可图，代人火化，然后将枯骨浸于水池，深夜即散弃荒野[1]。洪迈也记载，当时"死而焚尸者，所在皆然"[2]。宋理宗时，无主遗尸还由各地官府自行火葬。有官员撰《差人化遗骸疏》说："葬之野则露手露脚，送之归则无土无家。聚是众骸，付之一火，佛能救苦，乃做看经道场，鬼复为人，别去超生……。"[3]临安城里的富室不时发点慈悲，对穷病而死者"给散棺木，助其火葬"[4]。据考古发掘，今天的四川、山西、河南、福建、陕西等地都有宋代火葬墓发现。如四川成都近郊所发现的宋火葬墓，都使用陶罐收贮骨灰；北宋时陶罐为四耳大口，南宋时改用双耳。南宋时，火葬最盛，大多用木盒来装骨灰[5]。在促使火葬风俗的形成过程中，佛教僧寺起着举足轻重的作用。各地僧寺一面极力宣传火化，一面为世俗百姓办起火葬场，当时称为"化人亭"。宋代有些士大夫不赞成火葬，认为将遗体投之于火，"惨虐之极，无复人道"[6]。理学家朱熹、二程、刘爚

1　《清波杂志》卷 12。

2　《容斋随笔》卷 13《民俗火葬》。

3　佚名：《豹隐纪谈》，《说郛》卷 7。

4　《梦粱录》卷 18《恤贫济老》。

5　洪剑民：《略谈成都近郊五代至南宋的墓葬形制》，《考古》1959 年第 1 期。

6　《黄氏日抄》卷 70《申判府程丞相乞免再起化人亭状》。

等人，既反对富人实行厚葬，认为厚葬"侈费而伤于礼"；又反对穷人火葬，认为火葬"有焚骨扬灰之戮"[1]。但是，也有少数士大夫赞成火葬。如宋理宗时，俞文豹指出："今京城内外，物故者日以百计，若非火化，何所葬埋？"[2]真可谓独具慧眼，颇有远见。不过，总的来说，宋代的火葬虽然盛行，但仍没有达到超过土葬的程度。

四、佛、道等教的影响

宋代佛、道二教和民间其他迷信对丧葬习俗带来了很深的影响。上述火葬的习俗，可以说主要是受佛教影响的产物。此外，又表现在七七日、百日、周年之说，择日和择地安葬，做道场等功德，穿孝服，居丧饮酒食肉，僧寺和道观鸣钟等方面。宋英宗时，蔡襄说过，当时"丧礼尽用释氏"，仅三年为丧期还像一点古代的制度[3]。

宋代佛教僧侣编造人间和阴间、天堂和地狱的谎言，以欺骗世人。在丧礼方面，有所谓七七之说。讲人死后，

1　刘熠：《云庄集》卷7《漳泉劝孝》。

2　《吹剑录外集》。

3　《蔡忠惠公集》卷18《国论要目·明礼》。

每遇第七天，其魄必定经过一个阴司，受许多苦。这样，由头七、二七，一直到七七即第七个七日，过完最后一个阴司，称为"断七"。然后有百日、周年，都要经过一次阴司。百姓由于愚昧无知，轻信此说，加上出于孝心，便在父母亡故后，请僧徒做道场，或做水陆大会，写经造像，修建塔庙，称为"做功德"。做功德完毕，又做羹饭，称为"七次羹饭"[1]。据说，这样便可弥灭亡人的罪恶，必然脱离地狱之苦，升入天堂，享受种种快乐；否则，永远打入地狱，受尽锉烧春磨的痛苦，不得超生[2]。道教本来只讲清净自然，没有地狱、天空之说，见佛教僧侣获利，也加以仿效，编造了"送魂登天，代天肆赦，鼎釜油煎，谓之炼度；交梨火枣，用以为修"的故事，其中"可笑者甚多"[3]。于是民间遇到丧事，请僧侣、道士念经、设斋、打醮、做佛事等，便成为习惯，鲜以为怪[4]。

宋代民间还相信阴阳先生或"葬师"的话，人死之后，安葬既择年月日时，又相信风水形势，认为以后子孙是否富贵贤寿或者贫贱愚夭，全部靠此。因此，"世俗"

1　车若水：《脚气集》卷下。

2　《司马氏书仪》卷5《丧仪一·魂帛》。

3　陆游：《放翁家训》。

4　《燕翼诒谋录》卷3《丧葬不得用僧道》。

多将棺柩寄放到僧寺，没有人去看守，往往因为年月不利，长达几十年不葬，甚至终身、数代不葬，因而被僧寺抛弃，或者被盗贼所发，或者被水火漂焚[1]。宋仁宗庆历五年（1045年），大臣韩琦安葬其父韩国华的棺柩，而韩国华早在宋真宗大中祥符四年（1011年）已经死去。这样，韩国华的去世及其棺柩的下葬，前后相差三十四年之久。清人王昶认为："宋时风尚如此，若唐无是事也。"[2] 南宋时，朱熹劝谕百姓中"遭丧之家"，要及时安葬，不要停丧在家和殡寄寺院[3]。还有一些人家，因为离卜葬的日期还远，又舍不得交殡置之费，多停柩在家里，以致把各种东西放在棺盖上，好像使用几案一样[4]。

　　子孙的孝服，在五代刘岳撰《书仪》时，规定五服（即斩衰、齐衰、大功、小功、缌麻，以亲疏为等差）都穿布衣，衣裳制度大略相同，这还接近"古礼"。到宋代，由于"世俗多忌讳"，除非儿子为父母，媳妇为公婆，妻子为丈夫，小妻为丈夫（妾为君），没有人穿用麻布做的

1　《司马氏书仪》卷7《丧仪三》；《家范》卷5《子下》。

2　《金石萃编》卷135《韩国华神道碑》。

3　《朱文公文集》卷100《劝谕榜》。

4　《鸡肋编》卷上。

孝服。不然，尊长不同意，众人也会讥诮[1]。当时还习惯遇到至亲丧事时，要披头散发。按照"古礼"，应该披散全部头发，但宋代子女为已故父亲只披散左边的头发，为已故母亲只披散右边的头发；媳妇为已故公公披散后面左边的头发，为已故婆婆披散后面右边的头发[2]。这要比前代复杂得多。

在丧葬过程中，民间习惯用乐即聘请乐师奏乐。初丧时，奏乐"娱尸"。在出殡的仪仗中，由"美少年，长指甲"的僧徒敲打从少数民族传来的花钹、花鼓在前引导[3]，与丧者家属的号哭声前后呼应。北宋初年，曾几次下令禁止士庶之家，在丧葬时"用僧徒威仪前引"，又禁止送葬用乐。但犯禁者"所在皆然"[4]。说明禁令并未真正实行。宋高宗初，昭慈太后高氏（哲宗皇后）病故，衢州开化县（浙江今县）官民为其举哀，也按民间习俗用乐[5]。在修设道场的过程中，南宋理宗时，临安府的居民用"瑜珈法事"，整天敲击鼓、钹，活人尚且被闹得头痛脑裂，

---

1 《司马氏书仪》卷 6《丧仪二》。
2 《司马氏书仪》卷 5《丧仪一》。
3 《吹剑录外集》。
4 《燕翼诒谋录》卷 3《丧葬不得用僧道》。
5 《鸡肋编》卷上。

而况亡灵如何忍受？[1] 同时，民间在居丧期间照样饮酒吃肉。司马光觉得，在五代时期，居丧者食肉，社会上人们就当作一件咄咄怪事。但到宋代，即使士大夫，居丧饮酒吃肉，也"无异平日"，还互相宴请，"靦然无愧"，别人"恬不为怪"。至于乡村"鄙野之人"，有的在初丧未敛（"敛"分"小敛"和"大敛"，替亡者穿寿衣称"小敛"，入棺称"大敛"）时，亲朋们便纷纷带着酒来慰问，主人也杀猪宰羊，准备酒菜，"相与饮啜，醉饱连日"。到安葬时，又是"酬酢杯觞，当此而乐"[2]。

从宋初以来，京城内遇品官亡故，即"用浮屠法击钟"，也就是依照佛教的习惯，死者的亲属到佛寺中去撞钟，一次"多至数百十下，不复有昼夜之拘"，称为"无常钟"[3]。据说，击钟的目的是促使死者的灵魂摆脱地狱之苦，而早日飞升天堂。由于各佛寺均允许信徒击无常钟，且所击次数不定，不分昼夜，京城时时闻到钟声阵阵，不免惊扰了官民的清梦和日常生活。至宋真宗景德元年（1004 年），开封府要求朝廷制定一个制度，规定凡文臣大卿监以上，武臣大将军、观察使以上，命妇郡夫人以

---

1 《吹剑录外集》。

2 《司马氏书仪》卷 5《丧仪一》；《云庄集》卷 7《漳泉劝孝》。

3 彭乘：《续墨客挥犀·无常钟》。

上，其亲属才准许到天清寺、开宝寺撞钟；其他人皆予禁止。获得了真宗的批准[1]。这一制度至哲宗绍圣间（1094—1098年）仍"以为定制"[2]。这种撞击无常钟的习俗，估计在京师以外地区是不受限制的。南宋初，平江府（即苏州）常熟县慧日寺和东灵寺"已为亡人撞无常钟"，寺院借此获利[3]。这种习俗也传到了北方的金朝。贞元元年（1153年），金帝海陵王（完颜亮）之母大氏逝世，海陵王下令"声钟七昼夜"，以示哀悼[4]。

民间的其他迷信如避煞，对丧葬礼仪也带来影响。宋代民间约定俗成，逢辰日不哭，凡遇丧事，死者亲属不管丧者、吊慰者都要忌之，不能以哭致哀。相传唐代太常博士吕才所撰《百忌历》载明了丧煞损害法。如巳日死者雄煞，四十七日回煞；十三四岁少女死者雌煞，出南方第三家，杀白衣男子或姓郑、潘、孙、陈者，至二十日和二十九日两次返回丧家。所以，世俗相承，到期必予回避。但死于旅邸者，当天出殡，煞回何处？京城里的亡者

1　《宋会要》刑法2之7。
2　《渑水燕谈录》卷5《官制》；《宋朝事实类苑》卷32《典故沿革·品官丧许击钟》。
3　《鸡肋编》卷中。
4　《金史》卷63《后妃下》。

遗属乃倾家出城躲避。又如以人死之日推算，子日去世，则在子、午、卯、酉日对所遇的生人要带来危害，所以入殓时，尽管孝子也要躲得远远的，甚至妇女都不敢向前，一切托付别人操办[1]。这些禁忌使民间的丧葬礼仪增添了许多神秘的恐怖气氛。

宋代理学家们主张在实行"古礼"的同时，参照世俗的丧葬礼仪加以损益，但不赞成这些礼仪受到佛、道二教和少数民族的影响，反对僧、道参与丧事，也不去避煞，不信阴阳[2]。朱熹还采用一种悬棺葬法，据"术家"们说，这是因为"斯文不坠"的缘故[3]。程颐主张选择草木茂盛处安葬，吕祖谦主张"胡乱平地上便葬"[4]。但是，他们也觉得世俗的力量过于顽强，不易改变。如果按照他们设想的丧葬礼仪去办，对于妻子还勉强可以，"施之父母，人不谓我以礼送终，而谓我薄于其亲也"。江西临川（今江西抚州市）黄塈安葬其父，决定不用僧道，立即遭到"亲族内外群起而排之"，乃采取"半今半古"之礼，"祭享用

---

1 《吹剑录外集》。
2 《吹剑录外集》。
3 《癸辛杂识》别集卷上《悬棺葬》。
4 《朱子语类》卷89《礼六·冠昏丧》。

荤食，追修用缁黄"[1]。车若水的妻子死后，他平时不信佛、老，但也举行"施斛"（即施食斋僧和饿鬼）仪式。像车若水这样不信佛、老而不得不按佛、老之说操办丧事的，当时还有许多人[2]。

---

1 《吹剑录外集》。
2 《脚气集》卷下。

出版说明

一、本书主要是关于宋代社会生活史的研究，内容选自《宋辽西夏金社会生活史》（中国社会科学出版社1998年版）朱瑞熙先生撰写的部分，以及作者在其他刊物上发表过的相关论文。具体如下：

第一至七章　原收录于《宋辽西夏金社会生活史》第十九至第二十三、二十五至二十六章

第八章　原载于《中国烹饪》1985年第11期

第九章　原载于《文史知识》1988年第12期

第十章　原载于《文史知识》1989年第2期

第十一章　原载于《上海师范大学学报》1996年第3期

第十二章　原载于《学术月刊》1997年第2期

其中，第一至第七章，后收录于《朱瑞熙文集》（上海古籍出版社2020年版）第一册；第八至第十章，后收录于《朱瑞熙文集》第五册；第十一、十二章，后收录于《朱瑞熙文集》第六册。本书前言仍采用《宋辽西夏金社会生活史》一书的前言。

二、《宋代的刺字和文身习俗》(《中国史研究》1998年第 1 期)一文与第四章《刺字、文身和簪花》内容接近，附于其后，便于读者参考。

三、为统一格式，本书对注释和正文中部分内容进行了调整。具体如下：

1. 注释中部分参考文献使用了简称，在全书中首次出现时说明，后文注释均采用简称；

2. 正文中涉及纪年的，在年号后备注对应的纪年，如"徽宗宣和三年（1121 年）"。

四、为丰富文章内容，本书新增了部分考古及绘画插图。